JN123104

# クイズ de 地方自治

## 楽しむ × 身につく！
## 自治体職員の基礎知識

『クイズde地方自治』制作班 編

## 『クイズde地方自治』って何？

『クイズde地方自治』という書名にピンときた方は、なかなかの通り者。この書名は、自治体職員向けの月刊誌、『地方自治職員研修』（公職研刊、休刊中）の臨時増刊96号（2011年3月号増刊）でタイトルとして付けたものでした。実務に精通した職員・研究者・市民が主たる書き手となった、その本の前書きにこうあります。

**《豪華執筆陣に私たち（注・編集部）がお願いしたことは、次のことです。「この本の読者対象イメージは、〝他の部局に属する後輩〟であり、〝半年～数年前の自分〟。その人たちが、雑学に触れるようにして、楽しみながら自然に、自治・自治体に関する知見を深めてもらうための本です。ぜひ、作成者の方にも、楽しんで作成してください！」。何とも虫のいいお願いをしたものですが……》**

「中の人」の思いが通じたか、同書は、自治体に関わる様々なジャンルの良問が集まることとなりました。そして、105号まで続いた臨時増刊号シリーズでも屈指の売り上げとなる人気作となったのです。

「あの企画、よかったね」と、読者からも執筆者からも好評だった同書。ただこれは、雑誌ならではの企画と考えていました。それが先日、ふと再び目を通してみましたら、問題によってはやや古びてしまったものもあるものの、フォーマット自体はいまでもみずみずしい魅力があります。そこで、クイズで自治の知識を深める楽しみを、ぜひ新しい読者にも知っていただきたいと、書籍としてリブートすることにしました。

新しい『クイズde地方自治』では、地方自治の様々なジャンルごとに、初級・中級・上級の問題を100問掲載しています。初級は「職員であれば、どの部署の者でも当然知っていなくてはならない常識」、中級は「担当者であれば、知っておいてほしいレベルの知識」、上級は「日々の真摯な研鑽の果てに得られるカルト級の知識」と位置づけられるもの。各問の難易度は問題番号の下に星の数で示しており、それぞれ初級（★）、中級（★★）、上級（★★★）となります。

前回の臨増号と同様、初級といっても骨のある問題もありますし、上級は変化球もあります。しかし、どの問題も読者の知識を深めることを意識したもので、いわゆる愚問はありません。解説をよく読んで、知識の裏付けを固めれば、自治の達人に向けた道が開けてくるでしょう。

あなたが『クイズde地方自治』の魅力を存分に楽しんで、自治する力を養い、それが自治の実践・充実に結びつけば、これに勝る喜びはありません。

『クイズde地方自治』制作班

◇目　次◇

◎執筆者一覧

| | |
|---|---|
| 行政改革 | 吉岡律司（矢巾町役場） |
| 人事政策・公務員の働き方 | 小野英一（東北公益文科大学） |
| チームマネジメント | 岡田淳志（伊勢崎市役所） |
| 地方財政・財務 | 馬場伸一（福岡市役所） |
| 自治体理論・自治制度 | 田中富雄（元・大和大学） |
| 行政手続・情報公開・個人情報保護 | 青木誠治（富山県庁） |
| 政策法務 | 長谷川 裕（三重県庁） |
| ＳＤＧｓ | 篠田智仁（茂原市役所） |
| 広報・広聴 | 林 利夫（千代田区役所） |
| 人権・男女共同参画 | 阿部のり子（ダイバーシティこおりやま） |
| 高齢者福祉 | 久保眞人（川崎市役所） |
| 子ども福祉・子育て | 海老澤 功（西東京市役所） |
| 障害者福祉 | 伊藤哲也（宮城県庁） |
| 医療 | 三原 岳（㈱ニッセイ基礎研究所） |
| 安全・安心 | 飯川 斉（宮城県庁） |
| 参加 | 林 加代子（㈱ソーシャル・アクティ） |
| ＮＰＯ | 大橋志帆（太田市役所） |
| 地域自治 | 馬袋真紀（朝来市役所） |
| 都市計画 | 橋本 隆（伊勢崎市役所） |
| 地域振興 | 須藤文彦（水戸市役所） |
| 環境 | 神山伸一（小平市役所） |
| 学校教育・社会教育 | 小関一史（東松山市役所） |
| 議会 | 小林善弘（戸田市役所） |

＊この本で書かれている内容は、執筆者個人の見解に基づくものであり、所属する組織を代表して論じるものではありません。

# デジタル技術活用で自治体に求められていることは？

デジタル技術を活用したサービスや社会のあり方に関する方針は、大きな変化に直面しています。2000年に成立した高度情報通信ネットワーク社会形成基本法から約20年ぶりの大改正が行われ、その後継としてデジタル社会形成基本法が成立し2021年9月に施行されました。一方、コロナ禍で自治体におけるデジタル技術活用の遅れが改めて認識されることとなり、自治体の現場では制度と実際の乖離が顕在化しています。

こうした中で国は、自治体が行う行政サービスについて、デジタル技術やデータを活用して住民生活の利便性を図ることなどを盛り込んだ計画を策定しました。この計画の中で掲げられ、自治体の主体的な取り組みが期待されていることとして正しいものは、次のうちどれでしょうか。

❶ デジタイゼーション
❷ デジタルトランスフォーメーション
❸ デジタライゼーション

A 解説

正解は、❷デジタルトランスフォーメーション(Digital Transformation)、略して**DX**。

回答の選択肢の三つの項目は、いずれも広義にデジタル化に関する考え方である。これらの定義は必ずしも厳格化しておらず、使われ方についても場面により異なることもあるが、端的に説明するとそれぞれ以下のようになる。

**デジタイゼーション**とは、紙で行っていたプロセスをデジタルデータ化することを指す。**デジタライゼーション**とは、組織内だけではなく外部に提供するサービス等のプロセス全体をデジタル化していくことを指す。そして、**デジタルトランスフォーメーション**は、デジタル技術が浸透し、影響を与える私たちの生活のあらゆる局面においてよい方向に変化させていくことを指す。

国は「デジタル社会の実現に向けた改革の基本方針」において、目指すべきデジタル社会のビジョンを「デジタルの活用により、一人ひとりのニーズに合ったサービスを選ぶことができ、多様な幸せが実現できる社会～誰一人取り残さない、人に優しいデジタル化～」と掲げている。

総務省の定めた自治体DX推進計画において、このビジョンの実現のためには住民に身近な自治体の役割がきわめて重要であると位置付けている。自治体は、国と歩調を合わせつつ、それぞれの特性に応じたDXを進めていく必要があるが、現状のデジタル技術の活用の遅れを鑑みれば、まさにDX行革が求められている。

**【答え　❷】**

# 2★ 自治体政策の新しい潮流は？

わが国の人口は、2008年をピークに減少期に入りました。人口減少は誰も経験したことのないことであり、自治体における政策の立案にあたっては、前例を踏襲し、直観的に有効だと考えられてきた内容についてもその効果を再検証する必要があります。また、限られた資源を投入して行う政策については、その効果や有効性等に対する説明責任を果たすことはますます重要になっています。

こうした状況において自治体では、政策の立案にあたってしっかりとした根拠に基づき行う取り組みが活発になっています。この取り組みを何というか、次の中から正しいものを選んでください。

❶ビジネス・プロセス・リエンジニアリング
❷ニュー・パブリック・マネジメント
❸エビデンス・ベースド・ポリシー・メイキング

**A 解説**

正解は❸、エビデンス・ベースド・ポリシー・メイキング（Evidence-Based Policy Making）、略して**EBPM**。

Evidence-Based Policy Makingは、**根拠に基づく政策立案**と訳すことができる。根拠に基づく政策立案とは、政策の企画や立案をその場かぎりのエピソードによって行うのではなく、政策の目的を明確にし、その目的を達成するために最も効果があがる手段の選択など、その過程を通して合理的な根拠に基づいて行うことを意味する。

ＥＢＰＭは、政策課題の解決策を選定する場面と、根拠に基づき評価された内容で予算を配分する場面での活用が想定される。そのいずれもデータ等を活用し投入される資源を定量的に明らかにし、その因果関係から成果を検証することに変わりはない。

なお、実務的にＥＢＰＭの取り組みの精度を高めていくうえで、ロジックモデルの活用の有効性も指摘されており、自治体政策の現場で具体的な取り組みが進んでいる。

いずれにしろ、取り組みの本質は、それらの考え方を用いて政策の質を高めていくことであり、できるところから改革を進めていくことが重要である。

**［答え　❸］**

# 先端技術を活用した特区制度は？

自治体が行う行政改革は自らの必要性に応じて自立的に行う取り組みと、国の要請によって行う他律的なものがあります。いずれの場合も、内部的な改革が中心になる傾向がありますが、住民の生活によい影響をおよぼすことを目指して取り組むのが本質です。さて、自治体が政策を考える際、規制の壁があるために実現できない場合があります。「規制さえなければ、もっと住民生活を向上させる政策を立案できるのに……」と悔しい経験をしたことがある方も多いのではないでしょうか。また、近年はSociety5.0をまちづくりに掲げている自治体も多くなっており、従来のようなフィジカル空間だけではなく、サイバー空間も活用した政策が要請されるようになっています。そのような中で、AIやビックデータなどの先端技術を活用して、行政手続・移動・医療・教育などの幅広い分野で、データ連携基盤を通じたサービスを提供することで住民生活の利便性の向上を図り、かつ、先端的サービスを実現するための規制改革を同時・一体的・包括的に推進することで2030年頃に実現される未来社会を先行実現することを目指す制度が注目されています。その制度とは、次のうちどれでしょうか。

❶ Society5.0 型国家戦略特区
❷ スマートシティ型国家戦略特区
❸ スーパーシティ型国家戦略特区

A 解説

正解は、❸のスーパーシティ型国家戦略特区。

令和2年9月に施行された改正国家戦略特別区域法により、新たに**スーパーシティ型国家戦略特区制度**が創設された。スーパーシティは、その区域で整備されるデータ連携基盤を活用した複数分野（移動・物流・支払い・行政・医療・介護・服薬・教育・エネルギー・環境・防犯・防災等）で先端的サービスを提供することが指定の目安となる。

また、スーパーシティ構想では、広範かつ大胆な規制・制度改革の提案が必要であるとともに、その規制や制度が改革されることで可能となる先端的サービス等の実現に向け、自治体、民間企業等の関係者間には強いコミットメントが求められる。

なお、スーパーシティは、先端的なサービスが注目されがちだが、看過してはならないのは住民目線での課題解決である。企画立案の段階から本質的な地域課題の検討を深化させていく必要があり、その意味では地域課題の検討に当たる姿勢は、普段と変わることはない。

ただし、2030年頃に実現される未来社会の先行実現を目指す視点をいかにもつか、ビジョン設定とそれを実現する先端的サービス、そして規制・制度改革を併せて考える難しい挑戦となる。

**［答え　❸］**

## Q4 ★★★ ナッジとＡＩを融合した最新の手法は？

ナッジは２０１７年にリチャード・セイラー教授がノーベル経済学賞を受賞したことで広く知られるようになりました。わが国では、環境省を中心にナッジの取り組みが進み、未来投資戦略（成長戦略）や経済財政運営と改革の基本方針（骨太方針）にそれが盛り込まれたことで自治体や企業の関心が一気に高まりました。そして、自治体の現場においても活用事例が増え、その効果等から伝統的な政策を補完する手法としてナッジをはじめとする行動科学の知見（行動インサイト）が注目されています。

また、先進自治体においては、より、ナッジの効果をあげるためにＩｏＴ技術を使ってデータを集め、それらをＡＩ解析することで、個人の属性に合った形でパーソナライズしたナッジを行う挑戦が始まっています。

そこで問題です。ナッジ等の行動インサイトとＡＩ／ＩｏＴ等の技術を融合させたこうした取り組みは何と呼ばれているか、次のうち正しいものを選んでください。

❶ Bi-Tech
❷ Future-Tech
❸ Boost-Tech

A 解説

正解は、❶の Bi-Tech。

**Bi-Tech**（バイテック）は、**行動インサイト**（Behavioral Insights）と**技術**（Tech）を合わせた造語である。

そもそも、**ナッジ**（nudge:「そっと後押しする」の意）とは、行動科学の知見（行動インサイト）の活用により、人々が自分自身にとってよりよい選択を自発的に取れるように手助けする政策手法である。

そのナッジを技術を活用して行うのがバイテックである。例えばヘルスケアの分野で、ウェアラブルデバイスでパーソナルヘルスレコード（PHR）を収集し、そのデータを解析して個人ごとにナッジができれば、本人がより自発的に健康行動をとることが期待できる。

自治体におけるナッジの活用事例では、同じナッジを行って広く薄く効果をあげる取り組みが多いが、バイテックによりパーソナライズしたナッジを行うことが可能となる。政策の実効性を高めて今後の行政の取り組みを改革していく手段のひとつとして期待できる。

**［答え ❶］**

## 財政マネジメント強化のため求められる財務書類は？

「地方行政サービス改革の推進に関する留意事項」（総務省、２０１５年）では、改革の推進に関する主要事項として、①行政サービスのオープン化・アウトソーシング等の推進、②自治体情報システムのクラウド化の拡大、③公営企業・第三セクター等の経営健全化、④自治体の財政マネジメントの強化、⑤ＰＰＰ／ＰＦＩの拡大の五つの項目があげられています。その中で、担当する業務に関係なく自治体職員に共通して関係するのは「財政マネジメントの強化」になるでしょう。人口減少をはじめとして社会の構造が大きく変化する中では、ヒト・モノ・カネといった経営資源を効率よく、かつ、効果的に運用していかなければなりません。そのためには、歳入歳出といった現金の収支のみに注目するのではなく、モノの情報も網羅的に把握して政策の推進を図ることが重要です。このことは、財政担当だけではなくすべての職員の共通の理解として行政改革に努める必要があります。

行政改革を進めるうえで有効な情報を提供するものとして、統一的な基準による作成が求められている財務書類は、次のうちどれでしょうか。

**❶ 有形固定資産等明細表**
**❷ 貸借対照表**
**❸ 固定資産増減明細表**

A 解説

正解は、❷の貸借対照表。

統一的な基準による財務書類は、**貸借対照表**のほかに、**行政コスト計算書**、**純資産変動計算書**、**資金収支計算書**の作成が求められており、大多数の自治体でその取り組みが進んでいる。

これらの活用は、自治体の財政状態が厳しさを増す中で、財政の効率化や適性化という視点、住民や議会、外部に対する説明責任という視点から特に期待されている。

また、官庁会計は**現金主義**であり、単年度の現金収支だけではその全体像が分かりにくかった。これを**発生主義**を採用することで、これまで見えにくかった行政コスト、資産・負債の全体像の把握を通じて、自治体の財務情報を補完するものとなっている。

一方、複式簿記になじみのない職員にとっては財務書類の有用性についてなかなか理解が進まないところであり、財務書類を作成したものの活用が進まないということになりかねない。財政担当部署による財務書類の作成の自己目的化が懸念される。

財務書類は行政改革にあたって有用な情報を提供するものであり、作成から活用へ自治体の工夫が求められる。

**[答え ❷]**

# 6★ 地方公務員法における人事評価は何評価？

２０１６年、地方公務員法改正により自治体に人事評価制度が導入されました。改正前の地方公務員法においても勤務評定が規定されていましたが、実態としては勤務評定が導入されている自治体は多くありませんでした。この地方公務員法改正により、自治体では従来の勤務評定に代わる人事評価制度を導入し、人事評価を行わなければならないこととなりました。

人事評価には様々な評価がありますが、地方公務員法において規定されている評価として誤っているものは、次のうちどれでしょうか。

❶ 能力評価
❷ 業績評価
❸ 多面評価

A 解説

地方公務員法では以下のように規定されている。23条2項「任命権者は、人事評価を任用、給与、分限その他の人事管理の基礎として活用するものとする」。23条の2第1項「職員の執務については、その任命権者は、定期的に人事評価を行わなければならない」。すなわち、地方公務員法のもとで自治体は、**定期的に人事評価**を行い、人事評価を任用、給与、分限その他の**人事管理の基礎として活用**しなければならないこととなった。

人事評価について、地方公務員法6条1項で以下のように定義がなされている。「人事評価(任用、給与、分限その他の人事管理の基礎とするために、職員がその職務を遂行するに当たり発揮した能力及び挙げた業績を把握した上で行われる勤務成績の評価をいう。)」。つまり地方公務員法で規定されている人事評価とは、**能力評価**と**業績評価**ということである。

なお、多面評価については、評価の客観性・公平性を確保するという意義があり、部下による評価などに取り組む自治体も現れてきているが、地方公務員法では規定されていない。

**[答え ❸]**

# 退職後も課される地方公務員法上の義務は？

「全体の奉仕者として公共の利益のために勤務」する地方公務員（地方公務員法30条）は、特別な身分上の取り扱いを受け、地方公務員法により一般の国民とは異なる様々な義務が課せられています。

これらの義務のうち、職員である間はもちろんのこと、退職後においても課されるものについて、次のうち正しいものはどれでしょうか。

❶ **信用失墜行為の禁止**
❷ **秘密を守る義務**
❸ **政治的行為の制限**

A 解説

地方公務員の「服務」については、地方公務員法において一つの節を設けて規定されており（第3章第6節）、勤務時間内に限って守るべき義務である**職務上の義務**と、勤務時間に限らず守るべき義務である**身分上の義務**がある。職務上の義務には、法令等及び上司の職務上の命令に従う義務（32条）、職務に専念する義務（35条）がある。身分上の義務には、信用失墜行為の禁止（33条）、秘密を守る義務（34条）、政治的行為の制限（36条）、争議行為等の禁止（37条）、営利企業への従事等の制限（38条）がある。

34条1項において、「職員は、職務上知り得た秘密を漏らしてはならない。その職を退いた後も、また、同様とする。」と規定されている。このように、地方公務員においては、職員である間はもちろんのこと、退職後においても、職務上知り得た秘密を漏らしてはならないこととなっている。

職務上知り得た秘密を漏らすことによって自治体の利害を害することがあるほか、個人情報であれ、企業活動に関する情報であれ、それによって不利益を被ることがあれば、行政に対する不信を招くこととなる。そして行政が必要とする情報を円滑に収集することが困難になり、行政の執行に支障をきたすおそれも出てくる。こうしたことを防ぐためには、退職後においても秘密を守る義務を課す必要があるのである。

なお、かつて職員であったものが秘密を洩らしたときは、行政罰（懲戒処分）に付することはできないが、刑事罰の対象となる（60条2号）。

**【答え ❷】**

8 ★

# 地方公務員の兼業は禁止？許可？自由？

近年、多様で柔軟な働き方へのニーズの高まり、働き方改革、人口減少に伴う人材の希少化等を背景に、兼業に光が当てられています。新型コロナウイルス感染症の拡大により普及が進展したオンラインワークも、空間的・時間的制約を緩和し、兼業の可能性を広げるという効果をもたらしました。

地方公務員が報酬を得て兼業を行うことについて、次のうち正しいものはどれでしょうか。

❶ 禁止されている
❷ 許可により認められる
❸ 制限はない

A 解説

社会全体として兼業を促進する流れがあるが、自治体においても**職員の兼業を推進する自治体が現れている**。自治体職員が様々な業務外活動を行い、経験・知識・情報・技術を得る、人脈を形成することは、職員本人、自治体組織・行政、地域社会にとってもプラスになることが期待される。

地方公務員の兼業については地方公務員法38条に関連する規定が存在する。本条1項により、営利企業を営むことを目的とする会社その他の団体の役員に就任すること、自ら営利企業を営むこと、報酬を得て事業又は事務に従事することの三つが「営利企業への従事等の制限」として禁止されている。そして例外的に、任命権者の許可を受けることによって営利企業への従事等が可能になるという規定になっている。

以上のとおり、地方公務員の兼業については地方公務員法上の許可制度が設けられているが、必要以上の制限・抑制が行われているのではないかとの問題が指摘されていた。そうしたことから、自治体において**許可基準の設定と公表**を進めることも課題となっている。

**［答え　❷］**

# 幹部職員を外部公募採用できる？

A市長から人事課長は次のような指示を受けました。

A市長:「これからはDXの時代だ。本市においてDXを本格的に進める3年間のプロジェクトを実施する。当プロジェクトに必要な高度な知識・経験を持った専門家を外部公募し、幹部職員として3年間の任期で採用したい。採用についての具体的な検討をしてほしい」。

A市長からの指示を実現させるため、どのような制度を用いることが考えられますか。制度名で答えてください。

A 解説

2002年に地方公共団体の一般職の任期付職員の採用に関する法律（任期付職員法）が制定され、**任期付職員制度**が創設された。この法律の制定により「高度の専門的な知識経験又は優れた識見を有する者」（特定任期付職員）（3条1項）、「専門的な知識経験を有する者」（一般任期付職員）（3条2項）を任期付で採用する制度が整備されることとなった。

任期付職員制度を活かした**外部公募採用**の導入により、特定の政策課題に応じて外部から民間での経験や専門的な知識・技術を有する職員を獲得できること、民間等の外部からの職員が加わることにより既存職員に刺激が与えられ、組織や人材の活性化につながることなどの効果が考えられる。

本問においても、任期付職員制度を活用することによりA市長からの指示を実現することができると考えられる。

なお近年、地方分権の進展により自治体の政策法務に光が当てられ、その充実が課題となっていることなどを背景として、任期付職員制度を活用して弁護士や法曹資格者を法務担当の幹部職に採用する例も増えてきている。

**［答え　任期付職員制度］**

## 会計年度任用職員に支給される手当は？

2020年施行の地方公務員法により、特別職非常勤職員および臨時的任用職員の任用要件が厳格化されるとともに、新しい非常勤職員の枠組みである会計年度任用職員の制度が創設されました。これにより、これまでの臨時・非常勤職員の制度が大幅に改正されることとなったといえます。

会計年度任用職員はフルタイムとパートタイムに分けられますが、フルタイムとパートタイムのいずれにおいても給付対象となっている手当について、次のうち正しいものはどれでしょうか。

❶ 期末手当
❷ 勤勉手当
❸ 退職手当

A 解説

会計年度任用職員をフルタイムとパートタイムのいずれで任用すべきかは、1週間当たりの通常の勤務時間に基づいて判断されることとなる。フルタイムの会計年度任用職員は、勤務時間が常勤職員の1週間当たりの勤務時間と同一である者を指す。常勤職員の1週間当たりの勤務時間よりも短い時間で勤務する者については、パートタイムの会計年度任用職員となる。

フルタイムの会計年度任用職員は、給料、旅費、退職手当を含む一定の手当の支給対象となっており（地方自治法204条）、パートタイムの会計年度任用職員については報酬、費用弁償、期末手当の支給対象となっている（地方自治法203条の2）。

**期末手当**については、フルタイム、パートタイムともに支給対象となっている。この点は従来の非常勤職員と大きく異なるところである。会計年度任用職員制度が創設された背景には、労働者性の高い非常勤職員に期末手当が支給されないという問題があった。

**勤勉手当**については、フルタイムは支給しないことが基本とされ、パートタイムは支給対象となっていない。**退職手当**については、フルタイムは支給対象となっているものの、パートタイムは支給対象となっていない。

**【答え ❶】**

# ドラッカーが提唱した目標管理の手法は？

チームマネジメントにおいてはメンバー間で目標を共有し、成果を上げていくための働きかけを行うことが必要です。目標管理の手法にはいくつかあります。ピーター・F・ドラッカーは、組織全体の目標から引き出された自らのチームが上げるべき成果を設定し、そのうえでメンバー自身が目標を設定していく手法を提唱しました。

この手法を指す言葉として、次のうち正しいものはどれでしょうか。

❶ KPI
❷ MBO
❸ OKR

A 解説

❶ **KPI**はKey Performance Indicator の略。**重要業績評価指標**のことであり、定量的な指標を用いて目標の達成状況の評価をしていくことになる。まち・ひと・しごと創生法に基づき各自治体で策定された「人口ビジョン・総合戦略」ではＫＰＩが設定された。

❷ **MBO**はManagement By Objectives の略で、人事評価とのリンクで用いられる場合があり、**目標管理制度**と呼ばれる。２０１６年４月から自治体で人事評価の実施が義務付けられ、総務省の調査によれば２０２１年４月時点では全自治体で実施されている。この手法は特に業績評価を行う際に用いられている。ドラッカーはManagement By Objectives and self-control、**自己管理による目標管理**として著書の中で用いている。

❸ **OKR**はObjectives and Key Results の略で、ＩＴ企業のグーグルやメルカリが採用したことでビジネスの世界では有名になった。組織と個人との目標を関連づけるという点ではＭＢＯと似ている。ＯＫＲでは、達成不可能かもしれないが、達成すれば大きなインパクトをもたらす目標を設定することが重視される。非常にチャレンジングな高い目標設定は、**ムーンショット**（月に届くほどのショット）と呼ばれる。

**【答え　❷】**

# チームの好循環を生む質の向上とは？

チームは目標を共有し、メンバー間で協力しながら仕事を進めていくことになりますが、よりよいチームにしていくための枠組みとして「成功循環モデル」というものがあります。MIT（マサチューセッツ工科大学）組織学習センター共同創始者である、ダニエル・キム氏によって提唱されたものです。このモデルはチームという組織を四つの質で分析し、その質のそれぞれが因果関係をもって循環しているというものです。

組織として望ましく、目指すべきグッド・サイクルに入るために、最初に質を上げるものとして、次のうち、正しいものはどれでしょうか。

❶ 結果の質
❷ 思考の質
❸ 関係の質

A 解説

**グッド・サイクル**はチームのメンバー間での相互理解を深め、互いに尊重する関係を構築するという、関係の質を高めることから始まる。そうした関係の中で一緒に考えていくことで、気づきが多くなり、有意義なことだと感じるようになり、思考の質も向上する。有意義だと感じるため、チームのメンバーが自ら積極的に行動するようになり、行動の質も高まる。そうした行動をし続けていけば目標達成にも近づき、結果の質も向上する。結果も出ることで、メンバー間での信頼関係も深まり、さらに関係の質も高まるのである。以降、同じように循環していき、よりよいチームとなっていく。

一方、**バッド・サイクル**もあり、それは、最初から結果を求めて結果の質を向上させようとする。しかし、成果が出ず、目標達成も難しくなり、結果の質が下がり対立が始まり、関係の質も下がる。上司から部下への命令も増え、一緒に考えるという姿勢も少なくなり、仕事もつまらなく感じ、思考の質も下がる。受け身の姿勢となるため、自発的な行動もとらず、行動の質も低下し、結果としての成果もあがらず、結果の質も下がるのである。

チームをよりよいものとしていくためには、**関係の質→思考の質→行動の質→結果の質**というサイクルを回すようなチームマネジメントを目指すべきであり、結果の質から求めるものではないのである。

**【答え　❸】**

13 ★★

# 望ましいリーダーシップのあり方とは？

マネジメントは人を通じて、そして人とともに物事を効率的、効果的に成し遂げる過程といえるものですが、マネジメントの役割の一つとして人をリードすることが挙げられます。その際のリーダーシップのあり方には様々なものがあります。リーダーシップをチームの目標の達成に向けて発揮する他のメンバーへの影響力と捉える場合、このリーダーシップは管理監督職といった権限を有した公式のリーダーが発揮するものだと考えられています。しかし、チームで仕事をしていくうえでは、管理監督職だけがリーダーシップを発揮しているわけではないでしょう。

チームのメンバーが、必要なときに必要なリーダーシップを発揮し、メンバーの誰かがリーダーシップを発揮しているときには、他のメンバーはフォロアーシップに徹しているようなチーム状態もあります。このリーダーシップ形態を指す名称として、次のうち正しいものはどれでしょうか。

❶ シェアド・リーダーシップ
❷ サーバント・リーダーシップ
❸ オーセンティック・リーダーシップ

A 解説

❶ **シェアド・リーダーシップ**は設問のとおり、チームのメンバーが、必要なときに必要なリーダーシップを発揮し、メンバーの誰かがリーダーシップを発揮しているときには、他のメンバーはフォロアーシップに徹しているようなチーム状態のことである。メンバーそれぞれが必要に応じて平等に発揮している場合、シェアド・リーダーシップが高い状態となる。逆に誰か一人にリーダーシップが集中している場合、シェアド・リーダーシップが低い状態となる。

❷ **サーバント・リーダーシップ**はロバート・グリーンリーフが提唱したものであり、自分自身の利益というより、フォロアーの利益や成長を重視した考えをベースに発揮されるリーダーシップのことである。

❸ **オーセンティック・リーダーシップ**は自分を客観的に理解したうえで、高い倫理意識を持ち、オープンに構えることでフォロアーから信頼を獲得し、影響力を発揮している状態のリーダーシップのことである。なお、オーセンティックは「本物である」、「信頼できる」という意味である。

**［答え　❶］**

# メンバーの強みを活かしたチームづくりとは？

チームで目標に向け、仕事を進めていくうえでは、メンバー間での様々なやりとりが生じます。そのやりとりの過程でチームが体をなし、うまく動くようにする必要があります。そのための意図的な働きかけは組織開発といわれます。

チームでの組織開発をチームづくりだとした場合、チームやチームメンバーの強みに着目して、その強みや潜在力が発揮されるような状態やその源を探求していくアプローチ方法があります。これをAI（アプリシエイティブ・インクワイアリー）といいます。

AIは、四つの過程を経ながら進めていくことから、それぞれの頭文字をとって4Dサイクルと呼ばれています。この4Dとは何の略でしょうか。

A 解説

ＡＩというと人工知能をイメージしてしまうが、そうではない。ＡＩのＡはAppreciativeのことで「真価が分かる」という意味、ＩはInquiryのことで「探求する」という意味から**真価の探求**と表現される。ＡＩはケース・ウェスタン・リザーブ大学のＤ・クーパーライダーとＳ・スリバストバによってはじめられたもので、チームワークなど組織のプロセスの改善を主な目的とした組織開発手法である。

ＡＩは①**Discover（発見）**、②**Dream（夢）**、③**Design（デザイン）**、④**Destiny（運命）**の四つの過程に従って進められていく。この過程のそれぞれの段階での頭文字であるＤをとって、４Ｄプロセスと呼ばれる。それぞれのプロセスの特徴は、次のとおりである。

①**発見**の段階では過去に焦点を当てて、これまでこのチームとして何かを成し遂げ、各メンバーもイキイキとしていたときの経験を思い出し、チームとしての強みなどについて探求する。

②**夢**の段階ではチームの強みなどが最大限に発揮された未来について話し合い、理想のありたいチームの状態を共有し、表現する。表現の仕方は紙芝居や寸劇、オブジェなどが考えられる。

③**デザイン**の段階では理想のありたい姿を②の段階で表現したものを基に言語化していく。メンバー間で時間をかけながらキャッチコピーなどの短い文章でまとめていく。

④**運命**の段階では③の段階で作成された、ありたい姿の状態になっていくためのアクションプランを話し合う。その後、アクションプランに賛同するメンバーで行動に移していく。

**[答え　Discover（発見）、Dream（夢）、Design（デザイン）、Destiny（運命）]**

## おカネについて、国と地方の関係ってどうなってるの？

わが国の財政は国（中央政府）と地方（自治体）とで成り立っており、毎年総務省が「地方財政計画」（多種多様な自治体の財政の複合体である地方財政の規模や収支見通しを全体として捉えたもの）を作成し、予算とともに国会に提出し一般に公表します。地方財政計画は、毎年の予算編成過程で財務省と協議のうえ作成されるものであり、国の予算が年末に固まると、それを受けて地方財政計画が確定し、1月頃毎年の地方財政対策が公表されます。多くの自治体で、ここに示されている「地方税収の増減見込」等が各自治体の予算編成の基礎資料に使われています。

さて、わが国の地方財政の仕組みについての次の説明のうち、誤っているものはどれでしょう。

❶ 地方交付税は、団体間の財源の不均衡を調整し、すべての自治体が一定の水準を維持しうるよう財源を保障する見地から、国税として国が代わって徴収し、一定の合理的な基準によって再配分する地方の固有財源である。

❷ 国が代わって徴収していることから、国民の収める租税のうち国が徴収する国税の割合の方が地方税に対して高く、その割合はおおむね国6：地方4である。

❸ 一方で政府の歳出では地方の方が多くなっており、その割合はおおむね国3：地方7である。

A 解説

国民の租税のうち国税が62％、地方税が38％、国と地方の歳出の割合は国44％、地方56％なので、❸が誤り。❶❷は正しい。令和４年度地方財政計画の規模は約90兆円で、国の一般会計予算約107兆円に匹敵する巨大なものである。わが国の政府財政は、地域間の財源の不均衡を調整するために「国が税を多く取り、地方が多く支出する」という構造をしており、地方交付税等の財政調整制度はなくてはならないものである。その結果、財政的に見ると自治体は国の連結子会社のようなものであり、一体のものである。従って「地方の方が財政に余裕がある」という議論は「手と足のどっちが多く栄養をとっているか」というようなものであり、あまり意味がない。

日本の行政は国が企画し地方が実施するというのが基本形であり、戸籍や生活保護など本来は国の仕事である業務を法定受託事務という形で自治体に執行させている以上、その分の財源が保障されなければならないのは当然の話である。また、経済活動は人間が行うものであり、人口の多い都市に税源が集中するのはこれも当たり前である。しかし人口の少ない地域であっても、わが国の美しい自然、清冽な水、新鮮な空気、伝統文化等の保持等、国を成り立たせるためになくてはならないものを供給している。地方交付税に代表される**財政調整制度は、地方の自治と主体性を保持しながら国を成り立たせるために必須のもの**と言える。

ただし、国と地方を合算した政府支出と国税と地方税を合わせた租税収入の間には巨大なギャップがあり、それを埋めているのが**巨額の赤字国債**であることは忘れてはならない。国と地方は財政的には一つのものであり、国家財政が破綻して無事で済む自治体はありえないからである。

**［答え　❸］**

# 自治体が「財政破綻」するとどうなるの？

2006年、北海道夕張市が財政破綻しました。夕張市は地方財政再建促進特別措置法（旧法）に基づく「準用財政再建団体」の指定を表明したのですが、長年にわたる放漫財政による巨額の赤字とその赤字を隠すための「不適切な財務処理」（粉飾決算）が明らかになり、全国に報道される大事件になりました。夕張市は財政再建団体となり、翌年制定された財政健全化法の下、唯一の財政再生団体となっています。

さて、「財政破綻」してしまった自治体は、いったいどうなってしまうのでしょうか。

❶いったんそれまでの自治体を解散し、管財人を置いて債務と財産の調査を行い、換価できる財産は処分して債権者に配当を行う。行政サービスは新しく設立された自治体によって継続される。

❷いったん債務は棚上げされ、支払期間を延ばしたうえで、サービスの切り下げ、市民負担の増加など具体的な対応策を定めた財政再生計画を策定して返済を進める。

❸債務の免除はいっさい認められず、財政再建計画（のちに財政再生計画）を策定して公共施設の廃止や市職員の削減、職員給与の切り下げなどで生み出した財源で債務の返済を進める。

A 解説

正解は❸。❶は民間企業の破産処理に近い形である。日本には自治体の破産手続きを定めた法律はなく、**自治体は法的に破産できない**。また、自治体の借金の不履行（デフォルト）が行われた例はない。債務が棚上げされる（元利払いを猶予される）ことや返済期間を延ばしてもらうリスケジューリング等も行われたことはないので❷も誤り。

夕張市が粉飾決算で隠していた赤字は、財政再建計画策定の際に精査され、額が確定された。その額は約360億円。再生振替特例債という市債の形に整理され、おおむね20年で償還する計画であった。放漫経営とそれを隠ぺいする粉飾決算を長年続けてきた夕張市に対して世論が厳しかったこともあり、国からの特段の財政支援はなく、360億円の借金を返済する財源は、市民サービスの切り下げと市民負担の増加によって生み出された。市民税の税率アップや手数料の引き上げ等の市民負担増も行われたが、もともと減少傾向にあった人口が財政破綻によってさらに減少したため、大きな財源にはならなかった。主たる財源の捻出方法は歳出カットであり、公共施設は次々と廃止され小中学校も統合、補助金等は基本的に廃止された。その中でも特に大ナタを振るわれたのが職員人件費であり、職員数は半減、給与水準は3割カットという大変厳しいものであった。

夕張市の過ちは最盛期10万人あった人口が1万人にまで減少していく中、行政執行体制を適切に見直していくことを怠ったことである。そして最大かつ最悪の過ちは、その間粉飾決算を行って財源不足をごまかしてきたことである。粉飾により自分でも「いくらお金が足りないのか」がわからなくなり、際限のない放漫な支出に陥ってしまった。

**【答え　❸】**

# 夕張市の粉飾決算はどんな手口だったの？

2006年、市税収入が10億円弱しかなかった夕張市が、約360億円もの赤字を隠していたことが明らかになり、公募地方債が暴落（金利が急騰）しました（その後市場は沈静化）。自治体決算そのものの信用が疑われたのです。二度と自治体に粉飾決算をさせないために翌年には財政健全化法が制定・施行されました。さて、日本の地方財政を揺るがせた夕張市の粉飾の手口とは、いったいどんなものだったのでしょうか。

❶ 財政健全化法制定以前は、自治体が損失補償した債務が決算に表れなかったことを悪用し、赤字の観光施設等を三セクに移し、その赤字を金融機関からの借金で埋めていた。地域振興や観光客誘致のために安易につくられた施設が次々と赤字を累積させていき、見えないところで夕張市が積み上げた赤字は膨大な額に上っていた。

❷ 特別会計等の資金不足に対して、年度末に一般会計からの貸し付けを行い、出納整理期間中に当該特会の現年度の歳出予算で返済を支出、一般会計が前年度の歳入として受け入れることで、前年度の一般会計の決算では貸付金と貸付金元利収入が見かけ上均衡し、赤字が表面化しなかった。

❸ 旧産炭地振興政策を悪用し、関連した統計数字等を改ざん、捏造し、補助金等の水増しを行って赤字の補填を行っていた。長年にわたってのごまかしが累積し、巨額の粉飾となった。

A 解説

正解は❷。財政健全化法以前は、一般に損失補償に伴う債務の把握が不十分であったのは事実だが、夕張市の粉飾の手口ではないので❶は誤り。（地域振興のためとして赤字の観光施設等をつくっていたのは事実。）❸も誤り。その程度では赤字を埋めるのには足りないし、国庫補助金は会計検査院の検査もあり、長年にわたって多額のごまかしを行うことは難しい。

❷の手口を仮の数字で具体的に説明すると、令和４年度末に特会に1億円の赤字が発生した場合、年度末に一般会計から1億円を貸し付け、資金不足を解消する。本来であれば繰出金を出すべきところを、あえて貸付金として支出する。５月までの出納整理期間に特会の令和５年度予算から返済金を支出し、一般会計は令和４年度の歳入として受け入れるという操作を行っていた。すると見かけ上は、令和４年度の一般会計決算では貸付金と貸付金元利収入が均衡し、特会も貸付金で赤字が消された状態になる。実際には資金が不足するので一般会計が金融機関から一時借入金で手当てしていた。もちろんこれは地方自治法が定める**会計年度独立の原則**に違背する、悪質な違法行為である（地方自治法２０８条２項「各会計年度における歳出は、その年度の歳入をもつて、これに充てなければならない。」）。夕張市の行っていた操作は実質的には翌年度の歳入を先食いするものであった。このような操作を特別会計・企業会計・外郭団体等を相手に繰り返した結果、巨額の赤字を積み上げて破綻したのである。

**【答え　❷】**

# 政府の赤字はどこまで可能なの？

わが国の国債残高は2022年度末には1026兆円と見込まれ、政府債務の対GDP比率は256・9%と、G7諸国のうち日本に次いで悪いイタリアの154・8%と比べても突出しています(財務省資料)。主要国中最悪の財政状況といわれる所以ですが、一方で「政府の借金はそんなに問題ではない」という現代貨幣理論(MMT)という経済理論が最近注目されるようになりました。日本の政府債務が極めて多大であるにもかかわらず、急激なインフレによる経済の混乱が起きず、むしろ金利はほとんどゼロに近いほど低く、物価はインフレどころかデフレ状態が長く続いていることをうまく説明しているように見えます。以下はMMT理論に関してよくいわれることですが、正しいものはどれでしょう。

❶ 政府には通貨発行権があるので、自国通貨建ての政府債務は自分の出した通貨で償還できる。したがって債務不履行は起こりえず、問題は発生しない。

❷ 政府の負債は、国債が自国内で消化されている限り、国民の資産でもある。経済危機を起こした国は、外貨建ての国債を外国人に買ってもらっていたため破綻したのである。国債が国内で消化されている限り負債と資産は常に均衡しており、破綻が起きることはない。

❸ 政府債務の増加は通貨発行量につながるので、通貨量が国の供給力を大きく上回るような不均衡が起きたときにハイパーインフレーションが起きる可能性がある。

A 解説

2000年代のジンバブエでは不適切な政策により国全体の生産が激減したのに政府支出を拡大させてしまったため、100兆ジンバブエドル札を発行しないといけないほどの凄まじいインフレが起きた。確かに政府には通貨発行権があるので自国通貨建ての国債の償還ができなくなることはないが、国債償還のために発行された通貨量がその国の供給力を大幅に上回ると、**ハイパーインフレ**となり国民生活を破壊してしまう。❶は誤り。

戦時中に日本政府が発行した戦時公債は日本国内で消化されていたが、戦争で生産施設が破壊され供給力が失われたため、敗戦後に統制が緩んだとたんに激しいインフレとなった。国債は償還されたがインフレのあとでは実質的な価値は大きく減価していた。❷も誤り。

正解は❸。インフレが起きる条件は複雑であり、「異次元の金融緩和」で金融機関に日銀が通貨をいくら供給しても民間の投資意欲が薄かったため金融機関の手元に資金が滞留してしまい、巨額の資金を日銀当座預金に「ブタ積み」するだけに終わってしまった。インフレなどの経済事象は国民の社会心理などをも反映する複雑系であり、現在のところ財政や金融の手段で完全に操作できる状況にはない。経済学においても信頼に足る物価決定の理論は存在しないというのが実情である。また供給力が大幅に低下して通貨量とのギャップが急激に大きくなったときであるが、今日のグローバル化した社会では供給力は一国だけで完結せず世界情勢と関連している。そのため、そのギャップを見極めることは困難である。今後、国際情勢次第ではわが国の供給力が縮減する可能性もあることから、国債の累増については慎重であるべきである。

**[答え ❸]**

19
★★

# 財政課はなぜ嫌われる？

厳しい財政状況の中、予算編成の時期になると憂鬱になる方も多いかと思います。「シーリングとか言っても、もう削れるものはない」「議会からも住民からも様々な要望を受けていて、それに応えなければいけない」「要るものは要る！」という事業所管課の理屈と、「財源は限られている」「限られた財源の中で事業を選択していかなければならない」「ない袖は振れぬ！」という財政課の理屈が常に衝突します。財政課からの膨大な資料要求にクタクタになり、なのに結局思ったようには予算はつかなくて落胆するということを毎年繰り返し、「財政課なんて大嫌いだ！」と思っておられる方も多いと思います。なぜ、このような不幸な「すれ違い」が起きるのでしょうか。次のうち誤っているものはどれでしょうか。

❶ かつて税収が伸びていた時代の財政課は「新規要求」だけを精査すれば事足りていたが、財源の制約が厳しくなった現在、事業仕分けや行政評価の手法を用いて既存の事業の見直しをせざるをえなくなり事務負担が増えたため。

❷ 予算を要求する執行部門に市の財政の全体像が知らされておらず、その結果執行部門の長ですら自分の部門の都合しか見ない「部分最適」な要求をしてしまうため。

❸ 執行部門は現場を持っているので政治的圧力を受けやすく、またコンプライアンスの欠如が起こりやすいので、予算の細部に至るまで財政課が精査してコントロールする必要があるため。

A 解説

税収が伸びていた時代は、既存の予算を妥当なものと仮定して、新規・増加分だけを精査する**増分主義（インクリメンタリズム**incrementalism）による予算編成で足りた。しかし、税収が増えないどころか減少する時代にあっては、新しい事業を始めるためには既存の事業の見直しによって財源を生み出さざるをえない。そのために試みられてきたのが事業仕分けや行政評価であるので、❶は正しい。ただし、行政評価を実施して「明らかな不要事業」を切れるのは最初の1～2年であり、すぐに「必要な事業ばかり」という状態に陥る。「必要な事業ばかり」な中で財源を生み出すためには、「執行方法の大胆な見直し」や「関係者への丁寧な説明」など執行段階における知恵と努力が求められ、それは「上からの押しつけ」では実現できないものである。

自治体の財政ガバナンスの問題は、**全体の財政運営を議論し知恵を出し合う場がない**ことである。部局長を集めた幹部会議が「執行部門の長」が自分の組織の都合だけを主張する場になってしまっていると、全体を考えるのは総務（財政）部長と市長だけになってしまう。幹部職員には自治体の財政全体を見る見識と、自分の所管事務の見直しを行うマネジメント能力が求められる。❷は正しい。

昭和の時代は❸にあるような執行部門に対する不信が強かったが、そもそも執行の細かいところまで財政課がコントロールすることは困難である。むしろ**現場をエンパワメント**し、現場における見直しを促すような仕組みが今日求められている。❸は誤り。

**［答え　❸］**

## Q20★ 二元代表制における代表の権限は?

日本の地方自治は、二元代表制を採っています。二元代表制という場合の代表機関は、一つは議会であり、もう一つは首長です。そして、議会は合議制機関であり、首長は独任制機関です。議員と首長はともに選挙によって選ばれていることから民主的正統性があると考えられています。

合議制機関である議会には、議論によって事を決定することが求められています。判断の慎重さや公平さが必要とされることから、議会は議論によって事を決定することになります。独任制機関である首長は、一人で責任をもつことになります。

それでは、二元代表制における代表は、どのような権限をもっているでしょうか。次のうち、正しいものはどれでしょうか。

❶ 議会と首長は、住民から信託を受けているので、全く同じ権限をもっている。
❷ 議会と首長は、それぞれ住民から信託を受けているが、ほぼ同じ権限をもっている。
❸ 議会と首長は、それぞれ住民から信託を受け、権限を分け合っている。

A 解説

日本の国民は、自治体においては、住民として議会と首長という二つの代表機関をもつ。このような統治構造を**二元代表制**という。このことは、住民が二つの代表機関を主体的にもつという意味では、統治構造を自治構造と読み替えることもできる。議会と首長は、**決定**と**実施**という役割をそれぞれ分業しており、国会（両議長）や大臣に要望するときなどは協業（連携）して行うこともある。また、その役割は住民が議会と首長それぞれに対して行う**信託**（議会と首長への複数信託）によるものである。

二元代表制のもとでは、議会と首長は相互に対抗・牽制し合う関係にもある。二元代表制では、権力分立と抑制均衡が重視される。このような代表機関同士の抑制均衡を重視する考え方を**機関対立主義**という。制度としては、首長不信任議決と議会解散、首長の拒否権に基づく再議、専決処分などがある。近年は、議会と首長が政策を競争するという意味で、**機関競争主義**ともいわれる。

代表機関とはいえど、議員や首長の解職請求とその後の解職投票が法制化されていることからもわかるように、住民は議員や首長に対し白紙委任をしているのではない。住民は、議員や首長を期待しながら見守ると同時に制御する。

なお、国の議院内閣制（一元代表制）においては、国民が国会議員を選び、行政権をもつ内閣は国会の多数派によって政治的基盤を与えられている。「自治体の議会と首長への複数信託」と「国会への信託」は、「自治体・国への重層政府信託」といえる。

**【答え　❸】**

## 自治基本条例は、他の条例との比較で上位に位置づけられる？

「住民の権利と、自治体運営の全体像について、その基本となる仕組みや方針を規定した条例」である自治基本条例は、まちづくり基本条例、自治体基本条例、市政基本条例などと呼ばれることもあります。これまで制定されている自治基本条例には、前文、まちづくりの基本原則、情報共有（情報公開）、住民参加、協働、コミュニティ、議会、長、自治体運営、住民投票制度などの規定が含まれていることが多くあります。総合計画に基づく自治体運営を行うことを明記する条例も少なくありません。

では、このような自治基本条例は、他の条例との比較で上位に位置づけることができるでしょうか。

次のうち、正しいものはどれでしょうか。

❶ 憲法で、自治基本条例は他の条例よりも上位に位置づけることが明記されている。

❷ 地方自治法で、自治基本条例は他の条例よりも上位に位置づけることが明記されている。

❸ 自治基本条例の他の条例に対する優越は法定されていないが、実質的には自治基本条例を他の条例との比較で上位に位置づけることができる。

A 解説

憲法や地方自治法では条例間に優劣の関係を定めていない。しかし、自治基本条例に、他の条例を制定するにあたっては**自治基本条例の理念や原則を遵守**するよう定めることで、実質的に自治基本条例を他の条例との比較で上位に位置づけるようにすることができる。また、自治基本条例は、自治体における重要事項を「目次」としてまとめ、可視化する機能をもつ。したがって、自治体における新たな重要事項が生じた場合には、自治基本条例を改正することが求められる。

これまで自治基本条例の制定を国が自治体に働きかけたことは全くなかったという。他方で、特定の国政政党が作成したパンフレットや特定の団体・個人の活動が、自治基本条例の制定を阻害したことがあった。そのような中で2022年時点では、自治基本条例の制定のピークは過ぎたようにも見える。しかし、2000年以降、全国自治体の2割以上で自治基本条例が制定された事実は、自治基本条例の普及の順調さを示しているという見解もある。

いずれにしても、自治基本条例は、自治体〈住民〈個人・法人〉、議会〈議員・議会事務局職員〉、行政〈首長をはじめとする執行機関・執行部職員〉〉にとって重要な役割を果たす。自治基本条例を既に制定している自治体でも、新たに制定する自治体でも、これら関係者にとって「生ける自治基本条例」となるよう活用することが期待される。

**[答え ❸]**

# 「国と地方の協議の場」の構成員になっていないのは誰？

国（中央政府）は自治体（地方政府）よりも、職員数、財源、権限、広域情報収集力、広域情報発信力において量的に優勢です。しかしながら、国は、縦割り、遅延、全国画一という宿命を背負っています。このことは、国の組織大規模性、遠方性（地域情報の遅延性）、対象エリア広域性という特性から避けられない事柄といえます。

一方、自治体は、地元情報収集力、地元情報発信力で、国よりも有利な立場にあります。そして、自治体は総合性、迅速性、地域性という特長を持ちます。このことは、自治体の組織小規模性、近接性（地域情報の迅速性）、対象エリア狭域性という特性から得られる事柄といえます。

自治体と国は、このような特性をもちながら分業し、ときには協業しています。しかし、分業・協業している自治体と国で、その役割分担等に関して考えの相違が生じることもあります。その解決の場として「国と地方の協議の場」があります。

では、「国と地方の協議の場」の構成員になっていないのは、次のうち誰でしょうか。

❶ 最高裁判所長官
❷ 内閣官房長官
❸ 町村議会の議長の全国的連合組織を代表する者

A 解説

自治体や国は、住民・国民のために様々な業務をしている。ときには、自治体と国でその①役割分担に関する事項、②地方行政・地方財政・地方税制その他の地方自治に関する事項、③経済財政政策、社会保障に関する政策、教育に関する政策、社会資本整備に関する政策、その他の国の政策に関する事項のうち、地方自治に影響を及ぼすと考えられるものについて、協議が必要な場合が想定される。その場として、2011年に制定された国と地方の協議の場に関する法律に基づく**国と地方の協議の場**がある。

なお、1999年に制定された地方分権の推進を図るための関係法律の整備等に関する法律により、国と自治体は**上下・主従**関係から**対等・協力**関係に変化している。もとより、自治体は、国の出先機関ではないし、自治体の責任を国に転嫁することはできない。国も、自治体の本省・本局ではないし、自らの責任を自治体に転嫁することはできない。

しかしながら、自治体は、補助金等を得るために国に要望したり、そのために必要となる計画づくりで､国の方針に従うことが必要となっている。そのため、国と自治体は対等・協力の関係にあるといわれながら、実態としては国にネガティブな意味での忖度をする自治体が見受けられる。そして、このネガティブな意味での忖度が、自治体や国に自らの果たすべき役割を見失わせ、住民・国民からの信頼を失墜することにつながる。国と地方の協議の場での協議は、そうならないことが期待される。

**[答え ❶]**

# 災害時にあてはまる原則は？

災害時には、コミュニティ（自主防災組織や消防団を含む）が力を発揮します。コミュニティのもつ近接性が迅速性を促すからです。日本の3層レベルの政府においては、まず基礎自治体が減災機能を果たし、基礎自治体でその機能を果たせない場合には広域自治体、ついで国がその役割を担うことになります。なお、大災害時には、これまで「カウンターパート方式」（関西広域連合）や「被災市区町村応援職員確保システム」（総務省）が用いられ機能してきました。

では、災害時に基礎自治体がその減災機能を果たせない場合には広域自治体、ついで国がその役割を担うという考えは、何と呼ぶことができるでしょうか。次のうち、正しいものはどれでしょうか。

❶ 近接性の原則
❷ 補完性の原則
❸ 自動化の原則

A 解説

大災害時においては、近接性があるためにかえって補完性が機能しないことがある。これは、**近接性のもつ限界**である。そのようなときには、非被災自治体等（＝非被災基礎自治体、非被災広域自治体、国、非被災企業等）により補完性が発揮されることになる（**非被災自治体等による補完性**）。もちろん、被災が小規模な場合には、当該自治体や近接する自治体が応急・復旧段階で、自らないし近接する自治体として減災に力を発揮することになる。国や外国政府においては、それらの政府がどの程度の被災を受けているのか、非被災であるのかにより、速やかに補完性を発揮できるか否かが変わってくる。

平常時においては、水道、下水道、ごみ処理等の業務のように近接する自治体が補完性を発揮することが少なくない。（近接自治体の〈相互〉補完性）。消防業務の関係では、大規模な火災が起きた場合に隣接する自治体の消防車両を目にすることがある。これは、緊急事態であるが、近接する自治体が補完性を発揮する例である。

ところで、近接性と補完性の関係は、食料・衣料・医療・エネルギーなど、様々な事柄にも関係する。近接性があっても補完性が機能しないことがあることを前提として、危機管理を考えなければならない。感染症のパンデミックや戦争は、その必要性を明らかにしている。ひとまず、私たちには、近接性があれば補完性が機能するような社会を築き上げることが求められているのかもしれない（求められる「近接性と補完性」の正の相関関係）。

**【答え ❷】**

# 政治家（議員・首長）と職員の間にある統制上の問題は？

主権者である住民と、議員や首長などの政治家の関係は、本人・代理人関係として見れば、住民が本人であり、議員や首長は代理人です。また、議員や首長を本人として見れば、職員はその代理人です。なお、議長や首長と、議会事務局職員や首長部局職員の関係は、上司・部下の関係にあります。

このような関係にある議員や首長と、職員の間には、統制上の問題があります。例えば、政治家が職員に圧力をかけることもあります。他方では、職員が政治家の意向を無視することもあります。また、政治家に対して職員がネガティブな意味での忖度をすることもあります。政治家が職員に忖度することもあります。そのような忖度は、政治家と職員の間だけではなく、議員・首長間、議員間、職員間でも起こります。そして、これらの圧力・無視・忖度の有無や関係者の能力は、相手にとって必ずしも明確ではありません。

それでは、政治家（議員・首長）と職員の間にある統制上の問題を何というでしょうか。正しいものは、次のうちどれでしょうか。

❶ 情報の非対称性
❷ 統制の相互作用性
❸ 統制の経路依存性

A 解説

本人・代理人関係については、**情報の非対称性**という問題がある。

政治家（議員・首長）から見たとき、職員が「どのような能力をもち」「どのような考え方をもち」「何を行っているのか」そのすべてを知ることはできない。同様に、職員が政治家を見たときにも政治家のすべてを知ることはできない。「政治家（職員）は職員（政治家）のすべてを知ることができない」のであり、人間はこのように能力の限界があるから、可謬性をもっているのである。この可謬性は、常に続く不断のものであり、避けることはできない。

しかし、政治家も職員もこの可謬性を超克するため、情報の非対称性を極力除去することが求められる。その具体的な方策としては、様々な人々による「話し合い」を行うことが挙げられる。「話し合い」では、「自己との話し合い」「他者との話し合い」が必要になる。そこでは、「歴史・経験を踏まえての話し合い」「将来を予測した話し合い」が期待される。

政治家は上司であり、職員は部下であるが、それでも両者には対等な議論が求められる。対等な議論は、物事を多面的に見ることができ、より実りある成果を生み出すことが可能となる。解決が難しい構造的な問題でも、その解に近づくことができる。

そうはいっても、やはり政治家（議員・首長）と職員の対等な議論は難しい面もあろう。それでも、困難な問題を解決する議論のためには、政治家・職員間の日頃からの豊富なコミュニケーションがカギとなる。豊富なコミュニケーションとは、仕事のコミュニケーションだけでなく、人生観・価値観を含む双方向のコミュニケーションである。

**【答え ❶】**

Q 25 ★★

# 住民からの申請に対する回答に期限はある？

住民が行政機関に許認可等のサービスを申請した場合、行政機関は期限内に回答しなければならないでしょうか、それともいつ回答してもよいのでしょうか。

❶ 法律で期限が定められている。
❷ 行政機関ごとに期限を定めている。
❸ 回答期限の定めはない。

**A 解説**

行政手続法及び自治体の行政手続条例では、法令に基づき行政機関に対して何らかの処分を求める行為がなされ、これに諾否の応答をすべき事務について**標準処理期間**を定めることとなっている(行政手続法6条)。

申請を受け付ける行政機関は、申請が窓口に到達してから処分をするまでに通常要すべき標準的な期間を定めるよう努めるとともに、これを定めたときは、当該行政機関の窓口で公開できるように備え付けておかなければならない。この標準処理期間の設定は努力義務であり、すべての事務について定められているわけではない。このため、すべての行政職員が知っておかなければならないものではないが、職員の処理する事務について標準処理期間が設定されているのかどうかは知っておくべきであろう。

申請を受け付けた行政機関は、当該申請の審査を遅滞なく行わなければならず、申請が形式上の要件に適合しない場合には、速やかに申請者に対して補正を求め、または当該申請により求められた許認可等は理由を示して拒否しなければならないこととされている(同法7条、8条)。

また、行政手続法では、申請に対する処分を行う場合には、**審査基準**を定めることとしている(同法5条)。審査基準を定める場合には、当該申請に対する許認可等の性質に照らしてできるだけ具体的なものとしなければならない。

審査基準を定めた場合には、標準処理期間と同様に窓口で公開できるように備え付けておかなければならない。

**[答え ❷]**

26 ★

## 個人情報の非公開はどこまで？

情報公開法では、個人情報を非公開とすることができますが、行政機関の保有する情報のうち非公開とすることができる範囲は次のどれでしょうか。

❶個人を識別できる情報は一切公開しない。
❷個人情報として保護される限定的な情報だけ公開しないことができる。
❸社会として必要な個人情報は公開することができる。

A 解説

**情報公開法**（行政機関の保有する情報の公開に関する法律）では、**誰でも**行政機関の保有する行政文書の開示を**請求することができる**（同法3条）。行政機関の長は、**不開示情報を除き**、原則として請求のあった行政文書を開示しなければならない（**原則開示**）。例外的な不開示情報の一つとして「個人に関する情報であって……特定の個人を識別することができるもの又は……個人の権利利益を害するおそれがあるもの」（以下「個人情報」という。）がある（同法5条）。

行政機関の保有する情報は、開示を原則とするとしても、個人情報が不用意に扱われているとすれば、個人情報を保有し、行政機関に対して個人情報を提供する住民の信頼を損なうことにつながるため、行政機関の保有する個人情報の取扱いには慎重を期す必要がある。

情報公開法は、個人情報を一律に不開示とするものではない。公開することが予定されている情報、公にすることが必要であると認められる情報や公務員の職務遂行の内容に係る情報など行政機関の保有する個人情報を公開することができることとしている。

個人情報と同じように扱われているであろう法人等情報については、法人の競争上の地位その他正当な利益を害するおそれがあるもの、公表しないことを条件として任意に提供された情報などを不開示とするなど、不開示条件が個人情報とは取扱いが異なることを理解しておくべきである。

個人情報及び法人等情報のいずれも「人の生命、健康、生活又は財産を保護するため、公にすることが必要であると認められる情報」は公開されるが、ただ単に特定又は不特定の人たちが必要だ、知りたいというだけではなく、具体的に「公にする必要性」を検討しなければならない。　**【答え　❷】**

## 死んだ人の個人情報の扱いは?

死者の個人情報は、公開することができるでしょうか。また自治体の保有する死者の個人情報の訂正は可能でしょうか。

❶死者は権利の主体たりえないから個人情報として保護されない。

❷死亡を契機として、それまで保護されていた権利がなくなることはないから、死者の個人情報も保護され、訂正の要求もできる。

❸情報公開法と個人情報保護法とで取扱いは異なる。

## A 解説

**情報公開法**（行政機関の保有する情報の公開に関する法律）では、**個人を生死で区別しておらず、死者の個人情報も**生存する個人の情報と同じく**保護される**。情報公開法の保護は、開示請求に対する処分という形で現れる。自己の情報であっても、個人情報である限り、個人情報は開示されない。

**個人情報保護法**（個人情報の保護に関する法律）で保護される個人情報は「**生存する個人に関する情報**」であるので、**死者の個人情報は原則として保護されない**（同法２条）。ただし、死者の住所・氏名や財産に関する情報は、生存している個人（相続人等）の情報でもある場合が多いので、個人情報保護法での保護の対象となりうる。個人情報保護法の保護は、当該情報の適正な取扱い（開示請求を含む）という形で現れる。自己の個人情報を開示請求し、誤りがあれば訂正を請求することもできる。ただし、死者は個人情報保護法の本人ではないので、個人情報の開示請求はできない。

自治体の個人情報保護条例では、死者の個人情報も生存する個人と同様に保護することとしている場合もある（富山県個人情報保護条例２条、同13条３項参照）。この場合は条例に基づき個人情報の開示請求も訂正の請求もできる。

情報公開法及び個人情報保護法では死者の個人情報を開示請求することはできない。しかし、このように取り扱うことに不都合があるかもしれない。行政機関の保有する個人情報がどのように取り扱われるべきか、死者の個人情報を題材として考えるのもよいであろう。

**［答え　❸］**

# 大規模災害時の個人情報の扱いは？

大規模災害時に行方不明者の氏名を公表してもよいでしょうか。

❶個人情報の公開は限定的であるべきなので、原則として公表しない。
❷安否確認の必要があるので、死亡の確定した者のみ公表してもよい。
❸本人の同意を得ることが困難な場合には、本人の同意なく個人情報を第三者に提供してもよい。

A 解説

情報公開法及び個人情報保護法における死者の個人情報の取扱いについては、Q27に述べたように、個人情報の公開は制限されている。

個人情報保護法では、一定の条件のもと個人データを第三者に提供することを認めている（個人情報保護法27条）。そのうちの一つとして、「人の生命、身体又は財産の保護のために必要がある場合であって、本人の同意を得ることが困難であるとき。」が規定されている（同法27条1項2号）。このことから、**生存している個人の情報を第三者に提供することは可能**である。ただし、死者の情報は個人情報保護法では適用対象外であるため（同法2条）、個人情報保護法での手続きは適用されない。

生存している個人の情報であれば、必要に応じて本人の同意を得て若しくは個人情報保護法27条1項2号により個人データを第三者に提供することができよう。行政機関が安否確認をする必要がある場合は、死亡が確定していない当該個人の生存を信じて情報提供を求めるので、個人情報保護法に基づき個人データを第三者に提供することができると考えられる。

**【答え ❸】**

# Q29★ 事務実施のあるべき法的スタンスとは？

自治体は、政策法務の視点から法執行をする重要性が指摘されています。日々の業務を実施するうえで、職員が意識すべき点に関する次の記述のうち、正しいものはどれでしょうか。

❶日常業務を円滑に実施していくためには、国からの各種通知をよく読み、また、各種マニュアルに沿って事務を進めることが重要である。

❷法律や条例を適正に執行するためには、まず法律や条例を理解することが重要であり、必ずしも、国からの各種通知や各種マニュアルに沿って事務を進める必要はない。

❸日常業務は、国からの各種通知に沿って実施すべきであり、国からの各種通知から読みとけない問題があれば、国に照会し、国からの回答に基づき事務を進めるべきである。

A 解説

地域の課題を解決するためには、**法律・条例を駆使**し、それを**解釈・運用**していくことが重要であり、そのためには、まず**法的根拠**を意識しながら日常業務を進める必要がある。

国からの各種通知や各種マニュアルは、日常業務を円滑に実施するための指針にすぎず、各種通知や各種マニュアルも本来的には法律や条例を根拠に作成されている。

よって、日常業務を進めるうえでは、まず各種通知や各種マニュアルの法的根拠を意識し、法的根拠が明確でない各種通知や各種マニュアルに基づいて事務を進めるべきではない。したがって、❶、❸は誤りである。

2000年の地方分権推進一括法の施行により機関委任事務が廃止された。これにより、自治体の事務は自治事務と法定受託事務に再編され、法的根拠なく国が自治体の事務に関与することはできなくなった。

そして、地方分権推進一括法の施行に基づき、これまで機関委任事務に関して国が自治体に通知していた通達のうち、法定受託事務の執行上必要なものについては、地方自治法254条の4に基づく技術的助言として整理された。

この技術的助言は、日常業務を進めるうえでの「よるべき基準」ではあるが、自治体は、**地域の実情**に応じて、**独自の判断**をすることができるようになり、また、その**法的責任**は自治体が負うことになる。

このように自治体は、自治事務、法定受託事務とも自らが適切に法令解釈権を行使する必要がある。

**［答え ❷］**

30 ★★

## 条例制定はどこまで許される？

法律だけでは地域課題を解決できないときに、自治体は条例制定を検討することになります。法律の規制より厳しい規制を条例で設けることに関する次の記述のうち、正しいものはどれでしょうか。

❶ 法律が全国一律の規制を目的とする場合には条例で新たな規制を設けることはできないが、法律が地域の実情に応じた規制を許容している場合には条例で新たな規制を設けることができる。

❷ 法律は全国一律で規制することを目的としており、自治体が新たな規制を条例で設けることはできない。そのため自治体としては、地域の実情を踏まえ、国に法律の改正要望をすべきである。

❸ 法律の規定で規制がないのであれば、条例で新たな規制を設けることは許される。

## A 解説

地方自治法では、自治体は法令に違反しない限りにおいて条例を制定することができるとされていることから、**条例制定権の範囲**を理解しておく必要がある。

徳島市公安条例事件判決（最判昭50・9・10）は、「それぞれの趣旨、目的、内容及び効果を比較し、両者の間に矛盾抵触があるかどうかによって」判断すべきであると述べたうえで、①法律で規律していない場合でも当該法令がいかなる規制も施すことなく放置すべきものとする趣旨であるときは、これを規律する条例は法令に違反する、②法令と条例が併存する場合でも条例が法令とは別目的であり、法令の意図する目的と効果を阻害しないときは、条例は法令に違反しない、③法令と条例が併存する場合で、両者が同一の目的に基づくものであっても、法令が全国一律の規制を施す趣旨でなく、地域の実情に応じて別段の規制を施すことを容認する趣旨であるときは、条例は法令に違反しないと判示した。

また、高知市普通河川管理条例事件判決（最判昭53・12・21）は、法令が規律していない場合でも、法令が条例で法令の規律より厳しい規律をすることを許容していないときは、条例は法令に違反するとの判断を示している。

したがって、正しいのは❶である。

**［答え　❶］**

31 ★★

# 許認可事務の適切な手法は？

自治体では、行政手続法や各自治体が制定する行政手続条例に基づき許認可事務をすることとなります。自治体の行政手続に関する記述として正しいものは、次のうちどれでしょうか。

❶ 行政指導を除き、法律を根拠とする事務は行政手続法、条例を根拠とする事務は行政手続条例に沿って事務をする。

❷ 申請を拒否する処分をするには、行政手続法又は行政手続条例に基づき聴聞や弁明の機会の付与をしなければならない。

❸ 許可を取り消すため不利益処分の名宛人に聴聞の通知をする準備を進めていたが、名宛人の所在が不明であるため、聴聞の通知をせず、許可を取り消した。

A 解説

許認可事務では、行政手続法及び行政手続条例を理解しておくことは重要である。

行政手続法3条3項に規定されているとおり、法律を根拠とする事務、条例を根拠とする事務とも**行政指導に関しては、行政手続法の適用除外**とされており、各自治体が制定する行政手続条例に沿って事務を進めることとなる（申請に対する処分、不利益処分及び届出に関しては、法律を根拠とする事務についいては行政手続法、条例を根拠とする事務についいては行政手続条例に沿って事務を進める。）。

申請を拒否する処分は、行政手続法及び行政手続条例で定める不利益処分ではなく、聴聞や弁明の機会の付与は必要ない。申請を拒否する処分＝不利益処分と誤解することが多いので、十分に注意する必要がある。

**不利益処分**をするにあたっては**適正な手続**を経る必要があり、行政手続法及び行政手続条例に所要の規定が整備されている。

行政手続法15条3項に規定されているとおり、不利益処分の名宛人となるべき者の所在が判明しない場合には、次の①から③を行政庁の事務所の掲示場に掲示する必要がある。

①当該名宛人となるべき者の氏名

②同条1項3号及び4号に掲げる事項

③行政庁が同条1項各号に掲げる事項を記載した書面をいつでも当該名宛人となるべき者に交付する旨

そして、掲示を始めた日から2週間経過したときに、当該通知が当該名宛人となるべき者に到達したとみなされることになる。必ず、事務所の掲示場に掲示することが必要であり、聴聞の通知をせずに取り消すことはできない。

したがって、正しいのは❶である。**［答え　❶］**

32
★★★

# 行政代執行のあるべき経費負担とは？

全国的に産業廃棄物の不法投棄や不適正処理が相次いでおり、自治体は廃棄物の処理及び清掃に関する法律（以下「廃棄物処理法」という。）に基づき措置命令を発出し、原因者がそれに応じなければ行政代執行を実施しています。ただ、措置命令を発出するには、各種調査を実施する必要があり、その経費は、自治体が負担しています。

政策法務の観点からの対応として正しい記述は、次のうちどれでしょう。

❶ 行政代執行を実施するまでの経費については、法的には原因者に請求できないので、原因者と任意交渉し、支払わせるべきである。

❷ 廃棄物処理法及び行政代執行法に基づき原因者に請求することはできないので、民事訴訟を提起するなど新たな法的措置を検討するべきである。

❸ 現行法制度上、原因者に請求できないのであるから、原因者には請求すべきではない。

A 解説

地域の課題を解決するためには、法律・条例を駆使し、それを解釈・運用することが重要であり、このような観点から自治体のあるべき対応を検討する必要がある。

行政代執行に要した経費については、行政代執行法6条の規定により、国税滞納処分の例により徴収することができるとされている。一方で、行政代執行を実施するまでに要した経費については、行政代執行法の規定に基づき徴収することはできないが、本来的には、原因者が負担すべき性質のものである。

確かに、原因者との任意交渉により自主的に支払わせることもできないわけではないが、自治体として、法的根拠のない（法的根拠が明確でない）現金を収納するのは適当でない。

また、現行法制度上、原因者に請求できないからといって、なんら検討することもなく、措置を講じないのは適切ではない。

したがって、❶、❸は誤りである。

自治体としては、直接的に現状の課題を解決できるわけではないとしても、全国的な課題として、国に**制度要望**をし、それとともに、近隣の自治体の手法を調査し、また**新たな法的措置を検討**することが必要である。

したがって、❷は正しい。

このような事案において、（批判的な見解はあるが）民法697条による事務管理が認められた事案があり、現行法制度で解決できない課題に直面した場合には、あらゆる法制度を駆使し課題を解決できないか検討することが重要である。

**【答え　❷】**

# SDGsには、いくつのターゲット？

最近よく目にするようになった「ＳＤＧｓ（エス・ディ・ジーズ）」という言葉。ＳＤＧｓとは「Sustainable Development Goals」の略称です。２０１５年９月に国連加盟国によって採択された目標であり、直訳すると「持続可能な開発目標」と訳されます。

ＳＤＧｓの持続可能な開発目標は、17のゴールを有していますが、その17のゴールには合わせていくつのターゲット（具体的活動）があるでしょうか。

❶ 17のターゲット
❷ １１９のターゲット
❸ １６９のターゲット

A 解説

正解は❸、169ターゲット。

例えばゴール1「貧困をなくそう」のターゲット1・1には「2030年までに、現在1日1・25ドル未満で生活する人々と定義されている極度の貧困をあらゆる場所で終わらせる。」と具体的に明記され、その指標は、1・1・1「国際的な貧困ラインを下回って生活している人口の割合（性別、年齢、雇用形態、地理的ロケーション（都市／地方）別）」とされている。このようにどういった基準をもって達成を判断するか指標が示されている。

環境領域に関する取り組みについては、身近なところでも具体的なアクションとして実践されているものも多くなってきた。ゴールをイメージしつつ、あなたが具体的に関わるアクションがどのターゲットに属しているのか、アイコンを使用する前に指標も含めて確認することが大切である。

SDGsの**17ゴール（目標）**は、全部で**169のターゲット（具体的活動）**に分かれ、さらに**232の指標**をもっている。

**【答え　❸】**

34 ★★

# SDGs達成までの猶予期間は？

SDGsではQ33で学んだように、複数の領域でゴールを設定しています。ゴールの達成には、目標とする指標の達成も必要ですが、そのためにどれだけ時間を費やしてもよいというものではありません。例えば、気候危機は今こうしている間にも進行し被害が拡大している喫緊の課題だからです。それらを踏まえて、そのゴールは西暦何年の達成を目指しているのか考えてみましょう。

私たちが達成すべきSDGsの目標まで、あと何年あるでしょうか。次のうち、SDGs達成の期限として正しいものはどれでしょうか。

❶ ２０２５年
❷ ２０３０年
❸ ２０５０年

A 解説

正解は、❷の2030年。意外と時間は残されていない。

SDGsは、開発目標採択の翌年となる2016年から2030年の15年間で達成する行動計画として世界共通の17のゴールが設定された。ゴールは**2030年**（一部のターゲットについては2020年）である。

SDGsの理念は「**誰一人取り残さない社会の実現**」であり、目標の達成にこの理念も大きく影響する。

**［答え　❷］**

# わが国のSDGs達成順位は？

開発目標の採択から約7年が経過し、ちょうど目標期間の折り返し地点付近ですが、国内ではようやくＳＤＧｓの認知が広がってきたところです。

あなたは、ゴールとなっている２０３０年、何歳になっているでしょうか。そのときの社会はどのようになっていて、果たして日本は17のゴールを達成できているでしょうか。私たちはあらためて現在の立ち位置を知り、これからの未来を考える必要があります。

それでは問題です。２０２２年、日本のＳＤＧｓ目標達成度は、国連加盟１６３か国のうち何位でしょうか。

❶ 9位
❷ 19位
❸ 99位

A 解説

正解は、❷の19位。

計画通りに進んでいる目標、達成からは遠くなっている目標など最新の日本のランキングは **Sustainable Development Report** のページで確認できる。

あくまで世界における日本の評価となるので、あなたのお住いの地域や個人の感覚とは乖離があるかもしれないが、日本が今置かれている現状をグローバルな視点から知り、目標に対する今後の活動を見直すことはとても大切である。

日本政府は、内閣総理大臣を本部長、全閣僚を構成員とする**ＳＤＧｓ推進本部**を設置し、２０１６年12月、日本の優先課題や自治体の役割を示した**ＳＤＧｓ実施指針**を決定している。その中で、自治体については「各種計画や戦略、方針の策定や改訂に当たってはＳＤＧｓの要素を最大限反映することを奨励しつつ、関係府省庁の施策等も通じ、関係するステークホルダーとの連携の強化等、ＳＤＧｓ達成に向けた取組を促進する」と役割を示している。これにより多くの自治体では、上位計画となる総合計画等改定のタイミングでＳＤＧｓの開発目標を政策に絡めて盛り込んでおり、もはや私たち自治体職員は無関係と言えない状況となっている。

《参考》
Sustainable Development Report 2022
https://dashboards.sdgindex.org/profiles/japan/

【答え ❷】

## SDGsの三本の柱とは?

実際に自治体において持続可能な開発目標に対する具体的な活動を計画する際、どういった点に配慮して政策への位置づけを行うべきでしょうか。

配慮すべき重要な側面は三つあるとされます。それは、「社会」、「環境」と、残る一つはどのような側面でしょうか。

❶ 福祉
❷ 教育
❸ 経済

A 解説

正解は、❸の経済。

我々が生活するうえで必要な**経済**活動を持続するには、同様に持続的な**社会**の発展も必要である。そして、その基盤には整った**地球環境**があってはじめてこの三つの側面の持続性が成り立つ（ヨハン・ロックストロームのウェディングケーキモデル）。

ＳＤＧｓは、各国の実情に応じた17目標のカスタマイズが必要であるとともに、地域に応じた**ローカライズ**が統合的達成に向けた大切な一歩となっている。国の指針で「自治体の役割」と一言にいっても、自治体規模や固有の課題によってＳＤＧｓに取り組む状況やテーマは大きく異なる。

ここで、目を閉じて自分のまちでＳＤＧｓをローカライズするイメージをしてみよう。ＳＤＧｓのアイコン、そして循環する三つの側面が思い出されるとともに、まちの歴史的経緯や地理的条件などの地域資源を結び付けようとする考え方がもっとも自然である。これは地域の魅力を引き出そうとする「地方創生」の考え方と非常に親和性が高いものであることに気づくはずだ。このように、持続可能な地域の実現に向け、これら三側面のバランスを考えながらＳＤＧｓの統合的達成を目指すこと、そして、地域の循環を促進するために新たな付加価値を見出す取り組みが私たちには求められている。

２０３０年という未来を見据えた中長期的な視点をもち、あなたの地域にやさしく浸透する水滴のように、ＳＤＧｓの活用や循環について考えてみることが**持続可能なまちづくり**につながる一歩となる。

**［答え　❸］**

## 世論調査の読み解き方は？

自治体が行う世論調査は、市民の生活実態のほか、施政に対する意向や要望を把握するとともに、施策・事業の評価指標を得ることにより、その後の行政運営の参考とするものです。

また、庁内の各組織による、目的を絞った調査もあります。

回答者数が１０３２人で、設問への回答比率が52・80％の場合、回答で得られた数値の誤差（標本誤差）は、次のうちどれでしょうか。調査対象者の母数が５万６６１９人の自治体を例にしています。

❶ ±3・11％
❷ ±4・08％
❸ ±10・00％

A 解説

多くの自治体で行われている広聴機能のひとつに世論調査があり、毎年や隔年の頻度で、郵送又はインターネット等により実施されている。

**標本誤差**とは、設問のように全体（母数）の中から一部を抽出して行う標本調査では、全体を対象に行った調査と比べ、調査結果に差が生じることがあり、その誤差のことをいう。この誤差は、標本の抽出方法や標本数によって異なるが、統計学的に計算することが可能である。

この例でいえば、「当分はここに住むつもり」と回答した割合が52・80％だった場合、その回答比率の誤差の範囲は最高でも±3・11％以内、すなわち49・69％～55・91％とみることができる。❷は回答者数が６００人の場合での標本誤差である。

なお、各組織が行う小規模の調査で回答者が１００人であった場合、同じ条件では誤差率が±10・00％となり、上下で20％の差が生じるため、施策の妥当性などを分析する際には注意が必要となる。

**［答え　❶］**

# 情報伝達のプロセスとは?

企業の広報では、商品の魅力を「伝える」ことではなく、その魅力が顧客に着実に「伝わる」ことが重視されます。近年、行政広報においても、この「伝える広報」から「伝わる広報」へ転換していくことが重要とされています。

以下は情報伝達の二つのプロセスですが、I(　)に共通するものは何でしょうか。

・A(認知)I(　)D(欲求)M(記憶)A(行動)
・A(認知)I(　)S(検索)A(行動)S(シェア)

❶ Information・情報
❷ Interest・関心
❸ Importance・重要性

A 解説

それぞれ**AIDMAの法則**、**AISASの法則**と呼ばれるマーケティングに用いられる用語であり、近年はシティプロモーションなど、人々の行動喚起につなげる広報の手法としても紹介されている。

この二つの法則は、消費者の商品やサービスを購入するまでの行動プロセスを表したもので、**Attention（認知）**、**Interest（関心）**までは共通である。以降は、AIDMAでは、**Desire（欲求）**、**Memory（記憶）**となり、欲しいと思った商品を記憶し、購入の意思が固まったら、**Action（行動・購入）**という流れを指す。

一方、AISASでは、インターネットが発達した現代にあって、関心の後、**Search（検索）**、**Action（行動・購入）**、**Share（口コミ）**による拡散へとつながるプロセスとなる。

行政広報における広報紙の企画・デザイン、チラシやポスター制作、さらにプレスリリースの制作においても、このプロセスに沿った情報の伝達を参考にするとよい。

**［答え　❷］**

# 戦略PRが求められる背景は？

戦略広報や戦略PRという言葉を聞くことが多くなりました。また、そうした名称の組織や役職を設けている自治体もあるようです。

こうした広報の手法が自治体に取り入れられるようになった理由として、ふさわしくないものは、次のうちどれでしょうか。

❶ 情報発信による行動変容へのニーズ
❷ 生活の中で接する情報量の増大
❸ 行財政運営の効率化

A 解説

そもそも戦略広報や戦略PRとは何か。これを一言でいえば、「マーケティングの視点を取り入れた広報」、逆にいえば「広報の視点を取り入れたマーケティング」となる。

インターネットをはじめとする**情報流通量の増大**により、消費者が企業の広告を鵜呑みにせず、従来の手法では物が売れなくなった状況に対し、生まれた手法とされている。そのため、「物が売れる空気づくり」と説明されることが多く、情報にニュース価値を加えることなどが主な手法となる。

自治体がこの手法に注目するのは、人口減少や地域課題の解決のため、**人の行動変容につながる情報発信**の必要性が増したことによる。

情報発信の際に「季節性と組み合わせる」「時事ネタと連動する」「エビデンスを付す」「インフルエンサーを巻き込む」等の手法がそれにあたる。

ターゲットの関心や共感を呼び、行動につなげる手法である。

**[答え ❸]**

## 謝罪記者会見での注意点は？

情報漏洩や不適切な事務処理など、広報職員には予期せぬ問題の発生に備えた知識が求められます。経験することのない職員がほとんどだと思われますが、知っておくべき重要な知識です。

謝罪会見における進行役、及び行政側の出席者の注意点についての次の文のうち、適切なものはどれでしょうか。

❶自治体側の説明後、記者からの質問を受けていくが、大幅に長引きそうでも、休憩を挟むなどしてすべての質問を受けること。

❷会見中に説明できなかった内容についてフォローするため、社名を名乗ってからの質問をお願いすること。

❸会見終了時には、忙しい状況の中で急遽実施した会見への出席に対し、出席してくれた記者にお礼を述べること。

A 解説

会見で最も重要なことは、**「マスコミの向こう側にいる被害者」を意識する**ことに尽きる。

会見が始まると広報は口出しができないので、「なぜ謝罪するのか」をしっかりと会見者と共有してから臨むことが重要である。服装、話し方、会見中の態度まで、**事前に広報がきちんとチェックを行う**ことだ。例えばストライプのシャツを着て謝罪会見を行うなどは、あってはならないことであり、広報の責任が大である。

**謝罪会見では、質問はすべて受ける**ことが原則となる。但し、実際に予定の時間を大幅に過ぎてしまった場合、広報でおおよその内容を説明できる場合であれば、「会見終了後も、広報がこの場に残り、引き続きご質問にお答えします」といった対応を行ってもよい。

❷は謝罪会見では主催者から強制するべきものではない。❸の「本日はお忙しい中、ありがとうございました」などの言葉も、通常会見とは異なる謝罪会見の場では、記者に不信感を感じさせかねないので、注意が必要である。

【答え　❶】

41 ★

# 男女共同参画はいつから?

内閣府には男女共同参画局が置かれており、毎年「男女共同参画白書」が年次報告として作成されています。それでは、この「男女共同参画」という言葉はいつから使われているでしょうか。

❶ 1985年
❷ 1989年
❸ 1999年

A 解説

正解は、❸。

男女共同参画社会基本法の施行により、この言葉が使われるようになった。法案審議の過程では、男女平等という言葉を盛り込むべきとする意見もあったが、男女共同参画という表現に落ち着いた。

男女共同参画社会とは、法律が制定された際につくられた言葉である。男女共同参画基本法において、「男女が、社会の対等な構成員として、自らの意思によって社会のあらゆる分野における活動に参画する機会が確保され、もって男女が均等に政治的、経済的、社会的及び文化的利益を享受することができ、かつ、共に責任を担うべき社会」と説明されている。また、それを実現するための基本理念として、**男女の人権の尊重**、**社会における制度または慣行についての配慮**、**政策等の立案・決定への共同参画**、**家庭生活における活動と他の活動の両立**、**国際的協調**の5本の柱が掲げられている（男女共同参画社会基本法2条ほか）。

❶は男女雇用機会均等法が制定された年である。

**［答え　❸］**

# 日本で初めて女性参政権が認められたのは？

今では当たり前となった女性参政権ですが、その獲得には世界でも日本でも各地で様々な歴史があります。地球上で初めて女性参政権を獲得したのは、当時イギリス領だったニュージーランドで、１８９３年のことでした。

さて、日本で初めて女性参政権が認められたのは、いつのことでしょうか。

❶ １９３９年
❷ １９４５年
❸ １９４６年

A 解説

正解は、❷。

日本で普通選挙が実現したのは**1925年**だったが、当時は男性のみの参政権であった。

それ以前から、市川房江氏らによる**婦人参政権運動**が活発に行われてきたが、なかなか実現には至らず、1931年には、婦人参政権を認める法案が廃案となったこともあった。そして、戦争でその運動は一度中断となった。

皮肉なことに様々な女性の権利は、第二次世界大戦の敗戦後、連合国軍による日本の戦後改革で実現した。女性の国政の参政権は、**1945年**12月17日公布の改正衆議院議員選挙法で認められるようになった。

なお、翌年**1946年**4月10日には、戦後初の衆議院議員選挙が行われ、全国で約1380万人の女性が投票し、39名の女性議員が誕生した。

ちなみに2021年10月31日の衆議院議員総選挙は、**政治分野における男女共同参画の推進に関する法律**施行後初の選挙であった。当選した女性は45名であり、女性参政権の実現から75年を経過しても、女性議員はほとんど増えていないことが分かる。見方を変えれば、戦後初の選挙で、女性たちが国会に女性を送ろうと投票したエネルギーがいかに大きかったかを感じることができる。

**[答え　❷]**

Q 43 ★★

## GGIって何の略？

毎年、世界経済フォーラムが公表するGGI。さて、GGIとは一体、何の略でしょう。また、GGIの説明で正しいものはどれでしょう。

次のうち、正しい組み合わせはどれでしょうか。

❶ジェンダーグローバル指数。男女の違いによる経済的格差を世界の視点から数値化したもの
❷ジェンダーガバメント指数。政府における男女の社会的・文化的格差を数値化したもの
❸ジェンダーギャップ指数。男女の違いによる社会的・文化的格差を数値化したもの

A 解説

正解は、❸。

ＧＧＩは、Gender Gap Index（ジェンダー・ギャップ・インデックス）の頭文字をとったもので、日本では**ジェンダーギャップ指数**と呼んでいる。国ごとのジェンダーギャップ、つまり、男女格差の是正を図るため、世界経済フォーラムが「the Global Gender Gap Report（世界男女格差報告書）」で公表している。

具体的には、①**経済活動と参加の機会**（給与、雇用数、管理職や専門職での雇用における男女格差）、②**教育**（初等教育や高等・専門教育への就学における男女格差）、③**健康と寿命**（出生時の性比、平均寿命の男女差）、④**政治への関与**（議会や閣僚など意思決定機関への参画、過去50年間の国家元首の在任年数における男女差）の四つの分野で評価している。

日本は、２０２２年版では１４６か国中、**１１６位**（前年は１５６か国中、１２０位）で主要7か国で最下位と低迷を続けている。

なお、ＧＧＩに似た指標として、国連開発計画（ＵＮＤＰ）が出しているＧＩＩ=Gender Inequality Index（ジェンダー不平等指数）がある。

**［答え　❸］**

## トランスジェンダーでない人を何と呼ぶ?

オリンピック開催や人権意識の高まりにより、ＬＧＢＴＱや性的マイノリティという言葉をよく聞くようになりました。出生時に割り当てられた性別と自認する性別が異なる人をトランスジェンダーといいますが、それでは、これが一致する人を何というでしょうか。

❶ シスジェンダー
❷ ノントランスジェンダー
❸ ノーマル

A 解説

正解は、❶。

**シスジェンダー**（cisgender）とは、性自認と生まれたときに割り当てられた性別が一致していることを指す。シス（cis-）とは、ラテン語で「こちら側の」という意味で、トランス（trans-）＝「乗り越えて移動している状態」の対義語である。

❸のノーマルと表現する者もいるが、ノーマルの反対はアブノーマルということとなり、差別的な表現となるため、多数者をノーマルと表現するのは適切とはいえない。

なお、**LGBTQ**は、L（**レズビアン**＝女性同性愛者）、G（**ゲイ**＝男性同性愛者）、B（**バイセクシュアル**＝両性愛者）、T（**トランスジェンダー**＝生まれたときに割り当てられた性別と異なる性別を生きる人）、Q（**クエスチョン**あるいは**クイア**＝LGBT以外の性的少数者の総称）の略で、性的少数者を表す言葉である。

ほかに、性の多様性を理解するための言葉として、SOGIがあり、性的指向と性自認を表す英語の頭文字をとったものである。

S＝sexual（性的）、O＝orientation（指向）、G＝gender（性）、I＝identity（自認）

**［答え ❶］**

# 国際人権規約の構成は？

持続可能な開発目標（ＳＤＧｓ）が注目されるようになり、国連の情報に触れることが増えています。それでは、１９６６年に国連総会で採択された国際人権規約の構成について正しくないものは、次のうちどれでしょうか。

❶ 国際人権Ａ規約と国際人権Ｂ規約
❷ 社会権規約と自由権規約
❸ 経済権規約と市民権規約

A 解説

正解は、❸。

国際人権規約は、世界人権宣言の内容を基礎として条約化したもので、人権に関する諸条約の中で最も基本的かつ包括的なものである。国連人権委員会は、1949年から1954年までの6会期を費やして草案の作成に努力し、1951年の国連総会において、「市民的及び政治的権利に関する規約」と「経済的、社会的及び文化的権利に関する規約」の二つの国際人権規約を作成することが決定された。

国連総会での採択は、1966年であったが、1976年に発効し、日本は1979年に批准した。国際人権規約は、1951年の決定に基づき、**経済的、社会的及び文化的見地に関する国際規約**（**社会権規約**という。）と、**市民的及び政治的権利に関する国際規約**（**自由権規約**という。）とで構成されている。この社会権規約を**国際人権A規約**、自由権規約を**国際人権B規約**と呼ぶこともある。

なお、世界人権宣言は、人権および自由を尊重し確保するために、「すべての人民とすべての国とが達成すべき共通の基準」を宣言したものであり、人権の歴史において重要な地位を占めている。1948年12月10日に第3回国連総会において採択された。

**［答え ❸］**

# 高齢化の状況は今後どうなる？

わが国では、超高齢社会を迎え、団塊の世代が後期高齢者となる2025年、またその後の団塊ジュニア世代が高齢者となる2040年を展望して高齢者対策が考えられています。これについて、次の記述のうち、正しいものはどれですか。

❶ 介護保険のサービス利用者は、国の推計によると、2040年まで全国的に増え続け、すべての市町村等の介護保険者において減少に転じる地域はない。

❷ 2040年を展望すると、高齢者人口の伸びは落ち着き、現役世代が急減するが、医療や福祉の現場には多くの人材が必要であり、それに応じて、人材確保・育成を積極的に推し進めていくことが必要となる。

❸ 2040年を見据えた対策としては、健康寿命を延ばし、医療・福祉サービスの生産性を向上する取り組みを進めるなど、社会保障制度の持続可能性を確保していくことが重要である。

A 解説

わが国では、団塊世代が後期高齢者となる2025年、その後の団塊ジュニア世代が高齢者となる2040年は、それぞれ入院・介護需要の増加が見込まれる節目と考えられている。特に、2040年は、東京圏の急速な高齢化が進み、「自治体戦略2040構想研究会第2次報告」（2018年）では、人口減少や高齢化の対応として、自治体は、新しい公共私の協力関係を構築する**プラットフォーム・ビルダー**への機能転換が求められている。

介護保険サービスの利用者についてみてみると、ピークを過ぎ減少に転じる地域もある一方で、都市部を中心に2040年まで増え続ける地域が多いと推計されている。2040年を見据えると、まず予防的な取り組みを通じて健康寿命を延ばすことが必要である。また、現役世代が急減することを踏まえて、**医療・福祉サービスの生産性向上**の取り組みを進めなくてはならない。こうして**社会保障制度の持続可能性**を高めながら、基礎自治体ごとに、**地域の特性に応じた対策**を講じていくことが重要である。

**［答え　❸］**

## 認知症対策の今後は？

認知症は、高齢者の約7人に1人と、誰もがなりうるものであり、身近なものになってきています。こうした中で、認知症になっても、住み慣れた地域で自分らしく暮らし続けることができる社会の実現が求められています。

そこで、認知症に関する次の記述のうち、誤っているものはどれですか。

❶ 認知症の人や家族の視点を重視しながら「共生」と「予防」を車の両輪として施策を推進していくため、2019年に認知症施策推進大綱が策定された。

❷ 今後の認知症に対する対策として、認知症になることを遅らせる、認知症になっても進行を緩やかにするという視点での予防が重要視されている。

❸ 今後の認知症対策として、認知症バリアフリー、予防、早期発見・早期対応、介護者の支援等の具体的な推進にあたっては、行政が主体的に取り組みを進めていくことが求められている。

A 解説

わが国では2012年には、認知症の人が約462万人、軽度認知障害（MCI）の人が約400万人と推計され、合わせると高齢者の約4人に1人が認知症又はその予備軍ともいわれる。また、2018年には、認知症の人は500万人を超え、**高齢者の約7人に1人が認知症**といわれている。

これを受け、2019年に**認知症施策推進大綱**がまとめられた。大綱では、認知症バリアフリー、予防、早期発見・早期対応、介護者（家族）支援等の具体的な施策を推進していくこととし、これに行政、事業者、専門職、職能団体等が横断的に協働して取り組むことが重要としている。

施策の推進にあたっては、認知症の発症を遅らせ、認知症になっても希望をもって日常生活を過ごせる社会を目指し、①「認知症があってもなくても同じ社会でともに生きる」という**共生**と、②「認知症になるのを遅らせる」、「認知症になっても進行を緩やかにする」という**予防**を車の両輪とすることとした。

また、認知症当事者も地域を支える一員であるとして社会参加することを後押しするものとしている。そこで、基礎自治体ごとに、本人・家族のニーズと支援者をつなぐネットワーク、「チームオレンジ」を立ち上げることなどが求められている。

**【答え ❸】**

## 地域包括ケアシステム構築に必要なものは？

高齢化が進展し、医療と介護の両者のニーズをもつ高齢者の増加が予想されます。住まいや予防、生活支援に加え、医療や介護が一体的に提供され、重度の要介護状態になっても住み慣れた地域で自分らしい暮らしを最期まで続けることができる、地域包括ケアシステムの構築に向けた取り組みが進められています。地域包括ケアシステムに関する記述として誤っているものは、次のうちどれですか。

❶ 地域包括ケアシステムの構築に向けては、医療と介護の連携が重要となる。情報共有を可能とするためには、医師やケアマネジャーをはじめとした専門多職種間の対話こそが必要とされるのであり、デジタル化を急ぐ必要はない。

❷ 高齢者が地域で暮らしやすいシステムとしていくためには、看取り期も含めて、中重度になっても在宅で暮らし続けられるように、医療と介護の連携により、在宅限界点を高めていくためのサービスの充実を計画的に図っていくことが必要である。

❸ 地域のネットワークの構築には、市町村や地域包括支援センターが中核となって、セーフティネットとして、市町村単位で地域の特性に応じた仕組みづくりを行うことが望ましい。

A 解説

**地域包括ケアシステム**とは、重度な要介護状態となっても住み慣れた地域で自分らしい暮らしを人生の最期まで続けることができるように、医療・介護・予防・住まい・生活支援が包括的に確保される体制のことである。団塊の世代が75歳以上の後期高齢者となる2025年を目途に構築を目指すとしている。

人口が横ばいで75歳以上の人口が急増する大都市部、75歳以上の人口の増加は緩やかだが人口は減少する町村部等、高齢化の進展状況には大きな地域差がある。地域包括ケアシステムの構築にあたっては、介護保険の保険者である市町村等が、地域の自主性や主体性に基づき、地域の特性に応じてつくり上げていくことが重要である。

今後の医療・介護ニーズの増大に向けては、**医療と介護の連携**は重要であり、看取りを適切に推進する観点からも、中重度の医療ニーズや看取り期にある高齢者に対応する在宅の限界点を高めていく**在宅サービスの充実**を計画的に図っていくことが必要である。連携の一層の推進に向けては、**ICTやデータの利活用**を進めることも重要であると考えられている。

**［答え ❶］**

# 地域共生社会実現のポイントは？

超高齢社会を迎え、高齢者が住み慣れている地域で暮らし続けられる仕組みとして、地域包括ケアシステムの構築が求められています。地域包括ケアシステムの仕組みは介護問題をきっかけとして考えられたものです。しかし今日、家族・地域社会の変容等によりニーズの多様化・複雑化が進む中で、これを生活の課題全般に対応させていき、地域共生社会を実現することが求められています。今日の地域の実情を踏まえた次の記述のうち、最も適切なものはどれですか。

❶ 今日課題となっているヤングケアラーに対する支援について、福祉機関の専門職等は、ヤングケアラーも介護力とみなして対応することが望ましい。

❷ 介護と育児に同時に直面するダブルケアなど、制度や分野を超えた複合的な課題に対しても、当面中心的に対応を考えるべき介護の課題に着目して、支援を行うことが望ましい。

❸ 地域共生社会の実現に向けては、制度や分野ごとの縦割りを超えて、課題を抱えている本人の課題解決を図るアプローチと、支える側・支えられる側の関係を超えて、継続的に関われるつながりづくりを目指すアプローチが必要である。

A 解説

**地域共生社会**とは、すべての人々が、支え手側と受け手側に分かれるのではなく、それぞれ役割を持ち支え合いながら、自分らしく活躍できる地域コミュニティを育成し、福祉などの公的サービスと協働して助け合いながら暮らせる社会を目指すものである。

地域包括ケアシステムはそもそも、高齢期のケアを中心に置いたものである。しかし、家族・地域社会の変容等によるニーズの多様化・複雑化に対応していくためには、システムとして汎用性が高い地域包括ケアシステムの考え方を障害者や子どもなどへの支援や、ダブルケアなど複合的な課題に広げて、地域共生社会の実現につなげていくことの必要性が高まっている。

例えば、ヤングケアラーについて考えると、支援につなぐための窓口が明確ではなく、福祉機関の専門職等も支援の対象者ではなく「介護力」とみなして、サービスの利用調整が行われるケースもある。学校等の、介護に限らない関係機関の連携による支援が必要と考えられている。

地域共生社会の実現に向けては、**地域住民等が、**①本人のみならず、その**世帯全体に着目**して、②福祉、介護、保健医療に限らない**地域生活課題を把握**し、③専門的な**相談支援機関と連携**しながら**個別課題の解決を図る**ことが求められている。また、そうした**個別の課題群を地域の課題と捉え**て、地域全体の課題を解決する地域づくりの取り組みを融合して取り組んでいけるような体制づくりが、基礎自治体に求められている（社会福祉法）。

**[答え ❸]**

# 待機児童がいる自治体はいくつある?

わが国では急速な少子化が進む一方で、男女共同参画の進展等から、保育所利用を希望する児童は増加傾向にあり、国・地方をあげての待機児童対策が進められてきました。国は社会福祉法人等に限られていた認可保育所の運営に株式会社の参入を認めたほか、空き店舗等で開設可能な小規模保育事業などの地域型保育事業の新設、自治体の予算制約に縛られない形で施設整備及び運営費補助を行う企業主導型保育事業の新設など、様々な施策を実行に移してきました。

地方に目を向ければ、自治体独自の基準を設け、認証保育所・保育室などの独自施策を行った自治体もあるなど、短期間に様々な知恵が結集され進化を遂げてきた分野です。このように国・地方をあげた取り組みが進んだ結果、厚生労働省発表の2022年の全国待機児童数は2944人となりました。2012年4月の待機児童数は2万4825人でしたから、この10年で1割強程度にまで減少したことになります。2012年4月時点で待機児童数が1人以上いた自治体は357ありました。

では、2022年4月現在、全国1747の自治体(市町村及び特別区)のうち、待機児童数が1人以上いる自治体数はいくつあるでしょう。次のうち、正しいものはどれでしょうか。

❶ 約50　❷ 約100　❸ 約250

A 解説

２０２２年４月待機児童がいる自治体は２５２と、待機児童がいる自治体数自体は待機児童数に比べれば減少してはいない。しかし、待機児童数が50人を超える自治体数は２０１２年４月の１０７から２０２２年４月の10へと大きく減少した。

また、保育所等利用数と同利用率は２０１２年４月に約２１８万人、34・2％であったものが、２０２２年４月には約２７３万人、50・9％と大きく上昇している。待機児童数の減少は、保育ニーズの増加を上回る保育所の整備が主因であったことが分かる。

一方で、認可保育所や地域型保育事業に対しては、児童の在籍数に応じて運営費が支払われていることから、待機児童がゼロに近付くと立地や年齢によっては欠員が生じ、経営が厳しくなる。特に急速に保育施設整備を進めた自治体では、民間保育所の欠員に係る補てん策を講じている自治体もある。

そのため、これまでは待機児童対策に追われてきた都市部においても、**利用者の減少に伴う民間保育所の事業撤退への対応策**も想定する必要があるだろう。

また、保育所ニーズの拡大の影で利用者の減少傾向が続いている幼稚園のあり方も、保育所の欠員と同様に課題である。

これらの課題をあわせ、幼稚園と保育園の機能を併せ持つ**幼保連携型認定こども園への移行**等も検討課題に浮上することが想定され、まだまだ保育担当者の苦労は続きそうである。

**【答え ❸】**

# 児童の権利に関する条約における四つの権利とは？

昨今、耳にすることが多くなった子どもの権利。官民問わず、様々な分野で指標とされてきているSDGsの中でも子どもの権利にかかわる事柄が多く取り上げられていることから、最近のキーワードのようにも思えます。しかし、そのベースともなった児童の権利に関する条約（子どもの権利条約ともいう。）は、1989年に国連総会で採択され1990年に発効、日本では1994年に批准しています。

児童の権利に関する条約では、大きく分けて四つの権利があるとされています。

①生きる権利（住む場所や食べるものがあり、医療を受けられるなど命が守られること）

②育つ権利（勉強したり遊んだりしてもって生まれた能力を十分に伸ばしながら成長できること）

③守られる権利（紛争に巻き込まれず、難民になったら保護され、暴力や搾取、有害な労働から守られること）

さて残り一つの権利ですが、次のうち正しいものはどれでしょうか。

❶ 泣く（騒ぐ）権利

❷ 参加する権利

❸ 優先される権利

A 解説

**参加する権利**は、自由に意見を表明したり、団体をつくったりできることとされている。

**児童の権利に関する条約**では、子どもは自分に関係のある事柄について自由に意見を表すことができ、大人はその意見を子どもの発達に応じて十分に考慮しなければならないとされている。ここでいう子どもの意見の尊重に関する議論では、子どものわがままを助長するのではといった誤解もあるが、決して子どものわがままを大人が受け入れるべきというものではない。例えば、現代の日本では結婚や進路を子どもの意見を無視して決めてはならないと考えられているが、そのような趣旨である。子どもの発達に応じて十分に考慮するとは、親（保護者）としての責務だけでなく、子どもを信頼して、子どもに向き合う親（保護者）としての成長・度量も問われている。

条約の批准にともない、制度面では2016年に公布された**改正児童福祉法**において、児童の福祉を保障するための理念の明確化＝児童の権利に関する条約の精神にのっとることが明記された。これに追随する形で、各自治体でも**子どもの権利に関する条例**などが制定される例が相次いでいる。

条例に子どもの意見表明が反映されている自治体では、児童福祉とは直接関係のない分野の様々な計画策定や具体的な事業の推進の場面などでも、中高生などの子どもの意見を聴取する場面を設けることも珍しいことではなくなってきている。しかし、こういった行政が設けた場に参加・推薦されやすい子ども、政治や社会への関わりに積極的な子どものみならず、自分の意見をまだうまく表現できない小学生以下の子どもなど、より広範な意見を、どのように計画や事業に反映していくのかが今後の課題である。

**【答え　❷】**

52 ★★

# 子どもの居場所・サードプレイスはどこ？

地域において子どもが犠牲となる事件が相次いだこと等を受けて、放課後等の子どもの安全で健やかな居場所の確保が注目されるようになりました。２００６年に公表された放課後子どもプランでは、原則としてすべての小学校区において、文部科学省所管の「放課後子供教室」と厚生労働省所管の「放課後児童クラブ（いわゆる学童クラブ）」を一体的、あるいは連携して実施することとされました。

一方で、子どもの安全が確保された空間を物理的に確保するだけでなく、生きづらい家庭環境で過ごす子どもや、塾や習い事で忙しく、苦しくなってしまった子ども、人間関係、学習の遅れ等で不登校になった子ども等への対応も必要です。様々な困難を抱える子どもたちが、信頼できる大人や、友達と安心して過ごし、子ども自身の自己肯定感や自己受容感、安心感、居心地のよさなどを感じられる、子どもの第3の居場所＝子どものサードプレイスが求められてきています。

さて次のうち、子どもの居場所としての①ファーストプレイス、②セカンドプレイス、③サードプレイスの組み合わせとして、正しいものはどれでしょうか。

❶ ①家庭　②学校　③家庭・学校以外の場
❷ ①家庭　②学校　③子ども食堂
❸ ①学校　②家庭　③子ども食堂

A 解説

子どもの居場所論の始まりは、登校拒否・不登校の子どもたちが、一人の人間として尊重される、子どもの権利を保障する場としての**フリースクール**、**フリースペース**とされている。確かに、これらの活動や、フリースペースとしての側面を持つ子ども食堂は、子どもにとっての**サードプレイス**となりうる。一方でこれらだけを子どものサードプレイスと捉えれば、民間団体や市民活動を主体に行われるこれらの活動に対し、行政は補助金や活動場所の確保など、側面支援しかできないではないかと考えてしまいがちだ。

しかし、子どもにとって信頼できる大人や、友達と安心して過ごせる場所はフリースクールや**子ども食堂**だけに限らない。むしろ大人と違って選択肢が限られ、狭い社会に生きる子どもだからこそ、身近で安全な場所として確保された放課後子ども教室や学童クラブは、サードプレイスとしての役割を果たすことが求められる。さらに、児童館や図書館、公民館、コミュニティ施設など、日常的に通うことが約束されていない公共施設であっても、子どもにとってのサードプレイスになりうるのである。なぜなら、子どもにとってもサードプレイスは、大人が用意した居場所に押し込められるように利用するものではなく、子ども自身がその場所を利用するうちに、意識・無意識のうちに居場所として選ぶものだからである。

そのため、児童福祉施設に限らず、子どもが利用できる施設の職員は、児童に関する権利条約や自治体の子どもの権利に関する条例等を学び、実践する機会を設けなくてはならない。そして、子どもに関する専門職等が各公共施設を巡回・支援する仕組みづくり等も今後求められることになるだろう。

**[答え ❶]**

# 児童とは、いったい誰のこと？

児童を、子ども、大人ではない人と考えると、2022年4月の民法改正で成人年齢が18歳とされたことから、未成年者である18歳未満が児童に該当すると考えられます。成人年齢の引き下げの議論では、児童の権利に関する条約において18歳未満の者を児童と定義していることが、論拠の一つとされたことも記憶に新しいところです。また、児童福祉を総括的に定める児童福祉法では18歳未満の者を児童としつつ、1歳未満の者を乳児、1歳から小学校就学前までの者を幼児、小学校就学の始期から18歳に達するまでの者を少年と定義しています。

民法の18歳成人の規定に加えて、児童福祉法で児童を18歳未満と定義していることから、各法令の整合性を類推すれば、児童は18歳未満として施策・事業の検討を行ってよさそうですが、民法が改正から日も浅く少し不安もあります。児童の定義として、正しいものは次のうちどれでしょうか。

❶ 児童福祉法の規定に基づき、18歳未満の者が例外なく児童である。

❷ 旧民法の規定の名残で、18歳以上20歳未満の者が児童として定義される分野が例外的にあるため、18歳19歳の取り扱いには注意を要する。

❸ 各法令により児童の定義は異なることから、常に根拠法令を確認し、児童とは誰を対象としたものかを確認する必要がある。

**A 解説**

児童福祉分野では18歳未満を「児童」とするものが多い中、子育て家庭の多くを対象とする**児童手当法**では、「児童」は18歳に達する日以後の最初の3月31日までの間にある者＝学齢が適用され、「児童」の範囲に一部19歳が含まれている。また**児童扶養手当法**では、児童手当法と同様に「児童」に学齢を適用して一部19歳を含むとともに、20歳未満で政令の定める程度の障害の状態にある者として、障害者に対する例外規定を設けている。

また、**子ども・子育て支援法**では、児童手当法の児童と同じ定義をもって「子ども」と定めており紛らわしい。さらに、**子ども・若者育成支援推進法**の規定に基づき策定された子ども・若者ビジョンでは、「子ども」を（義務教育年齢に達するまでの）乳幼児期、（小学生年齢の）学童期、及び（中学生からおおむね18歳までの）思春期の者としている。さらに同ビジョンでは「若者」を（中学生からおおむね18歳までの）思春期と（おおむね18歳からおおむね30歳までの）青年期の者としつつ、さらに施策によっては40歳未満までのポスト青年期の者も対象とするなど、成人年齢18歳引き下げとは逆のベクトルで福祉施策が検討されている。児童に直接影響はないものの、児童青少年分野は一体的に検討されることが多いことから、注意をしてし過ぎということはないだろう。

さらに母子福祉分野では、**母子及び寡婦福祉法**で20歳未満の者が「児童」と定義されている。

なお視野を広げれば、**労働基準法**では、18歳未満の者を「年少者」とし、別に15歳に達した日以後の最初の3月31日が終了するまでの者を「児童」としている。また**道路交通法**では、6歳未満の者を「幼児」、6歳から13歳未満の者を「児童」、**学校教育法**では、小学生を「学齢児童」、中学生を「学齢生徒」としているから本当にややこしい。

**【答え ❸】**

54
★★★

# 自立支援給付の範囲は？

障害者の日常生活及び社会生活を総合的に支援するための法律（障害者総合支援法）に基づき、障害福祉サービスや地域生活支援事業などの支援が総合的に実施されています。

2003年に、従来の行政による措置の制度に代わり、障害者の自己決定によるサービス利用と支援費の制度が導入され、その後、障害種別に関わらない体系の一元化、利用者負担の見直しなどを経て現在の仕組みができています。自立支援のためのサービス提供は「自立支援給付」と呼ばれ、市町村が認定する障害支援区分に従って、本人の状況に合わせて支給決定されます。費用は、利用者負担分（応能負担）を除き、国、都道府県、市町村が負担します。

次のサービスのうち、自立支援給付とならないものはどれでしょうか。

❶ 障害のある方の共同生活（グループホーム）における相談や介護の援助
❷ 人工透析など、障害のある方が病院にかかった場合に受ける公的医療費助成
❸ 障害のある人の自宅を入浴車とスタッフが訪問して行う訪問入浴サービス

A 解説

自立支援給付のうち障害福祉サービスは、**介護給付**と**訓練等給付**から構成される。介護給付は、訪問系（ホームヘルプなど）、日中活動系（生活介護など）、施設系（入所者の夜間介護など）の3種があり、訓練等給付では、就労継続支援（A型、B型）や❶の共同生活援助が代表的だ。

なお、体系上は障害者総合支援法とは別だが、児童福祉法による障害児へのサービス（放課後等デイサービスなど）も、決定、給付、費用負担などは類似の仕組みである。

❷の医療費助成は、医療保険適用後の自己負担額を軽減する方式。**自立支援医療**として、障害福祉サービスと同様に自立支援給付の一環と位置づけられている。

他方、障害者総合支援法は、自立支援給付とは別に、市町村や都道府県が**地域生活支援事業**を行うよう定めている。相談支援、移動支援、意思疎通支援、成年後見制度利用支援などは市町村の必須事業とされるが、任意事業として❸の訪問入浴サービスを行う市町村がある。ちょっと複雑だが、居宅で入浴等の介護を行うホームヘルプ（居宅介護）は自立支援給付の一種であるのに対して、訪問入浴は浴槽を持つ車や自宅外の施設を活用するなど方式が違っており、また障害の程度など対象者の範囲は市町村に委ねられている。このように地域生活支援事業は、利用者を主体とする個別の明確なニーズに対応して全国一律に行われる自立支援給付とは性格が異なり、地域の実情に応じて柔軟な形態で実施されている。

**［答え　❸］**

# 障害のある人への合理的配慮とは？

2016年に施行された障害を理由とする差別の解消の推進に関する法律（障害者差別解消法）は、国及び自治体や民間事業者に対して、障害を理由とした「不当な差別的取扱いの禁止」とともに、障害のある人への「合理的配慮」を求めています。

とある市役所の経済部に勤めるAさんは、ある日、市内で最近空き店舗を改装して念願の喫茶店を開いた友人のBさんから相談されました。

「視覚に障害のある方が盲導犬を連れて訪店したいと電話があったんだけど、狭い店だし、他のお客さんの反応も気になってお断りしたのよ。でもそれがずっと気になって」。

さて、自治体職員たるAさんの友情あふれるアドバイスとして最も的確なものは、次のうちどれでしょうか。

❶「障害のある人に対応する特別な店でないから、受け入れる義務はないと思うよ。」

❷「ネット炎上でもしたら大変だから、受け入れる義務まではないと思うよ。」

❸「補助犬シールを貼るなど他の客の理解を促して、盲導犬ユーザーも楽しめる場にしたらいいと思うよ。」

## A 解説

障害者差別解消法がめざすのは、障害のある人もない人も互いを認め合う社会だ。

法が禁止する**不当な差別的取扱い**の具体例としては、身体障害者補助犬（盲導犬、介助犬、聴導犬）の同伴を拒否すること、障害のある人に来店の時間を制限すること、介助者の同伴を一方的に求めること、などが挙げられる。

法のもう一つの柱は、障害者から意思の表明があった場合に、対応の負担が重くならない範囲で配慮すること（**合理的配慮**）だ。努力義務とされていた民間事業者も、2021年改正で国や自治体と同様の法的義務を負うことになった（施行は3年以内で政令で定める）。具体的には、物理的環境への配慮（段差やスロープの解消など）、意思疎通の配慮（読み上げ、筆談など）、ルールや慣行の柔軟な変更（行列待ちの障害のある人に周囲の理解を得てイスを用意するなど）が挙げられる。

こうした義務を負う者を法律以上に広げる条例を制定している市町村や都道府県も多い。差別解消法や条例では、実効性の確保のために地域協議会、相談、助言やあっせんなどの仕組みが整備されている。また、補助金などで取り組みを進めている自治体もある。

最近では、ヘルプマークの周知、補助犬シール、助け合いアプリなど様々な動きが始まっている。誰もが生き生きと暮らせる社会に向けて、あなたも行動していこう。

本当は多くの人に来店してほしかったBさん。Aさんのアドバイスで、曇りが晴れた気分になったはず。二人の友情も一層深まったことだろう。

**【答え ❸】**

# 障害のある人の工賃の実態は？

障害のある人が仕事をする際に、事業者に正規や非正規で雇用される場合（一般就労）のほか、就労移行支援、就労継続支援A型、同B型などの種別の施設を利用する場合（福祉的就労）があります。

一般就労では労働基準法や最低賃金法の適用があり、労働の対価として賃金が支払われます。これに対して福祉的就労の中で利用者の最も多い就労継続支援B型事業所の場合、利用者に支払われる金銭は工賃と呼ばれます。

就労継続支援B型事業所は全国に約1万3000か所あり、約36万人の利用者が農作業、食品製造、喫茶店、印刷製本、データ入力などに携わっています（2020年社会福祉施設等調査）。平均の月額工賃は、次のうちどれでしょうか。

❶約1万6000円
❷約3万6000円
❸約5万6000円

A 解説

障害のある人たちには、障害年金などの仕組みもあるが、地域で自立して暮らすためには、仕事で得る収入の向上が欠かせない。

障害者の就労に関する施策をみると、一般就労の促進のために、**障害者雇用促進法**で法定雇用率が定められているほか、ハローワークや障害者就業・生活支援センターによる支援などがある。また、**障害者総合支援法**に基づく自立支援給付として、国と自治体の財政負担を受け、一般就労を希望する人のための**就労移行支援**、一般就労が困難な人に働く場を提供する**就労継続支援**などが行われている。就労継続支援は二種に分けられ、**A型**の利用者は労働契約により賃金を得るが、**B型**の利用者は工賃を受けとる。その実態は平均で、A型が月額約8万円、B型は月額約1万6000円だ（2020年度）。

民営事業所に雇用される障害者の月額平均賃金は、身体障害者21万5000円、知的障害者11万7000円、精神障害者12万5000円、発達障害者12万7000円であり（2018年度障害者雇用実態調査）、労働（作業）時間の違いはあるものの、福祉的就労の低収入は明らかである。現場の課題として、販路拡大の困難、就労支援と生活支援の両立困難、デジタル化の遅れなどが指摘される。新型コロナの影響で受注減や施設外就労が困難などの声も聞く。

各自治体でも障害者雇用の促進や工賃向上に向け、様々な施策に努めているはず。自治体自らの発注の促進も重要だ。民間事業者も巻き込んだ運動を起こしている自治体もある。社会全体で雇用（就労）の場の拡充と工賃向上をめざしていきたい。

【答え ❶】

# 現代的な福祉の課題対応で市町村の役割とは？

自治体の福祉行政の現場では、従来の制度の谷間にあった様々な課題にも対応しなければなりません。国でも議論や検討が行われ、法制化や大綱決定などの動きが出ています。市町村と都道府県が、それぞれの立場で連携することが求められていますが、こうした現代的な課題への対応として、次のうち、主として都道府県でなく市町村の対応が想定されている事務はどれでしょうか。

❶ 発達障害者やその家族等からの相談に応じる「発達障害者支援センター」の設置

❷ ひきこもり対策のため、社会福祉協議会や民生委員などと連携したプラットフォームづくり

❸ 医療的ケア児やその家族等からの専門的な相談や情報提供に対応する「医療的ケア児支援センター」の運営

A 解説

自治体では従来の福祉行政の枠では捉えきれない新しい課題に向き合っている。それぞれの課題の特性や対応の仕組みは様々だが、概してみれば、**市町村は地域における実態の把握や生活支援**などを担い、**都道府県は専門的対応**（相談センター、人材研修など）を担うのが、共通した役割分担と言える。

❶の発達障害は、発達障害者支援法（2005年施行）により、市町村は早期発見に留意し地域での生活支援等に努めることとされ、都道府県（指定都市）は発達障害者支援センターや地域協議会を設けることとされている。

❷のひきこもり対策としては、市町村には地域の多様な主体によるプラットフォームづくり、都道府県（指定都市）には専門的相談窓口「ひきこもり地域支援センター」の設置が求められている。センター設置主体は2022年から市町村にも拡充されている。

❸については、医療的ケア児及びその家族に対する支援に関する法律（2021年施行）が制定されており、これにより、国及び自治体は学校や保育所と連携して日常生活の支援や相談体制の整備を行い、都道府県は医療的ケア児支援センターを設置することとされている。

ほかにも、認知症施策、自死対策、依存症対策、ヤングケアラーなどの課題が近年注目されている。いずれも福祉部門だけでなく保健、教育、雇用など自治体内の連携が必須で、民間団体との協働が大切になる。都道府県による研修や先進事例紹介などの支援も非常に重要だ。

すべての住民が生き生きと暮らせるまちづくり。難しいがやりがいのあるテーマである。

**[答え　❷]**

# 医療提供体制に関する自治体の役割は？

医療提供体制に関しては近年、病床削減や在宅医療の充実などを目指す「地域医療構想」など、様々な制度改革が進められています。その際には、医師数や病床数、人口減や高齢化のスピードなどで地域差が大きいため、地域の実情に応じた改革が志向されており、「医療計画」の策定などが義務付けられている都道府県の役割が大きくなっています。

さらに、２０２４年度からは医師の超過勤務削減などを目指す「医師の働き方改革」が本格施行する予定であり、やはり都道府県が執行面で重要な役割を果たすことが期待されています。

医療提供体制に関する自治体の役割として、正しい答えはどれでしょうか。

❶ 都道府県は病床の削減や転換、在宅医療の充実などに関して、民間医療機関に対して命令できる権限を有しており、責任を果たす必要がある。

❷ 都道府県は6年に1回、医療計画を改定することになっており、がんや精神疾患などについて対策を講じることが義務付けられている。

❸ 市町村は公立病院の運営などを除けば、医療提供体制にタッチしておらず、健康づくりなどに関わる程度である。

A 解説

医療制度を考えるうえでは、**財政問題**だけでなく、**医師やサービスの質の確保**、**サービスへのアクセス改善**などを意識する必要がある。

さらに、高齢化や人口減少のスピード、人口1人当たり医師数や病床数、これに相関する人口比で見た医療費などの地域差も大きく、**地域の実情に沿った医療提供体制改革**が求められている。

その一つとして、**地域医療構想**という政策では、将来の医療需要と現状のギャップを明らかにし、急性期病床の削減や在宅医療の充実などが目指されており、2017年3月までに各都道府県が地域医療構想を策定した。

だが、日本の医療提供体制は民間中心であり、都道府県は病床削減などを命令できない。そこで、都道府県や地元医師会などの関係者が合意形成しつつ、地域の実情に沿った改革が期待されている。

地域医療構想は現在、都道府県が6年サイクルで策定する**医療計画**に取り込まれている。このほか、医療計画では救急、災害、へき地、周産期、小児の**五事業**、がん、脳卒中、急性心筋梗塞、糖尿病、精神疾患の**五疾病**の対策を実施することが義務付けられており、2024年度に始まる次期計画では新型コロナウイルス禍を受けて、新興感染症への対応も追加される。

こうした改革は主に都道府県で担われるが、市町村も無縁とはいえない。例えば、総務省や厚生労働省は公立病院の見直しや再編を促しているうえ、在宅医療の充実でも介護との連携を意識する必要があり、介護行政を司る市町村の役割も重要になっている。政府は市町村に対し、地元医師会との連携強化などを進める**在宅医療・介護連携推進事業**の実施を義務付けており、近年は一部の市町村が独自の医療計画を策定している。

**[答え ❷]**

# 国民皆保険の仕組みとは？ 自治体との関係は？

日本の公的医療保険制度では、国民全員が何らかの保険制度に加入する「国民皆保険」が採用されており、保険者（保険制度の運営者）の種類は、主に大企業の従業員や家族が加入する健康保険組合、中小企業の社員や家族で構成する協会けんぽ、自営業者や退職後の高齢者などで成る国民健康保険、75歳以上の高齢者を対象とした後期高齢者医療制度などに分かれています。

このうち、自治体が運営に関わっている国民健康保険は国民皆保険の「最終的な支え手（ラストリゾート）」の役割を持っているとされています。

国民皆保険と国民健康保険について、正しくない選択肢は次のうちどれでしょうか。

❶ 1961年に確立した国民皆保険は日本独特の仕組みである。

❷ 制度上、国民はすべて国民健康保険に加入するが、健康保険組合など他の制度に加入する人や生活保護受給者は適用除外される。

❸ 国民健康保険の運営では、市町村が保険料の徴収などに当たる一方、都道府県が財政運営の責任を担っている。

A 解説

国民の医療ニーズをカバーする方法として、国際的には保険料を主な財源とする**社会保険方式**と、税金で費用を賄う**税方式**の二種類に分かれる。

このうち、日本は社会保険方式を採用しており、1961年に国民皆保険を完成させたが、社会保険方式を導入するドイツやフランス、韓国も同様の国民皆保険を実施している。一方、税方式を導入しているイギリス、北欧は租税財源を使い、国民の医療ニーズを保障している。

このように全国民が支払い可能な費用で必要な医療サービスを受けられる仕組みは**ユニバーサル・ヘルス・カバレッジ**と呼ばれており、WHO（世界保健機構）が途上国などへの拡大を促している。

国民健康保険が「国民皆保険の最後の担い手」と呼ばれるのは、国民健康保険法5条で、「都道府県の区域内に住所を有する者は、当該都道府県が当該都道府県内の市町村とともに行う国民健康保険の被保険者とする」と定められている点にある。つまり、全国民が国民健康保険に加入する前提になっている。

しかし、同6条では、健康保険組合など他の保険者に加入する人や生活保護受給者を国民健康保険の適用除外とする旨が定められている。

近年の大きな制度改正は2018年度に実施された。それまでは市町村が制度全般を運営していたが、市町村が保険料徴収や被保険者の資格確認、保健事業などを担う一方、都道府県が財政運営の責任を持つ役割分担になった。

国民皆保険の仕組みを維持するうえで、国民健康保険、さらに同制度を運営する都道府県、市町村の役割は非常に重要である。

**[答え ❶]**

# 保健所の役割とは？ 制度的な位置付けは？

新型コロナウイルスへの対応では、保健所の逼迫が大きな論点となりました。具体的には、集団感染の発生源や感染拡大ルートなどを把握する「積極的疫学調査」や陽性者の健康観察に当たる保健師の業務が過多となり、医療逼迫を招く一因になりました。

ただ、コロナ以前を考えると、保健所の役割は必ずしも重視されておらず、1992年の852カ所をピークにして、その数は半分ぐらいに減っていました。

保健所に関して、正しくない選択肢は次のうちどれでしょうか。

❶ 保健所を設置している自治体は都道府県、政令市、中核市、特別区などであり、コロナ対応では、コロナ対策を中心的に司る都道府県と、保健所を所管している市区との連携が一つの課題となった。

❷ 1994年制定の地域保健法を受けて、健康相談や母子保健など身近な業務については、市町村の「保健センター」に権限が移譲された。

❸ 保健所の所長は医師でなければならないという基準が設けられていたが、地方分権改革の一環として、全国知事会などの要請で削除された。

A 解説

公衆衛生の最前線を担う保健所は都道府県、政令市、中核市、特別区などで設置されており、その数は2022年4月現在で468カ所に及ぶ。

保健所の淵源は元々、結核対策にさかのぼり、1938年に制度化された。その後、疾病の中心が急性感染症から慢性疾患に変わったこと、身近な事務を市町村に権限移譲する流れが強まったことなどを受け、1994年に**地域保健法**が制定され、保健所の機能は大きく再編された。

具体的には、**保健所**が**健康危機管理対策**などを担う一方、健康相談や母子保健など住民に密着した総合的な**対人保健サービス**に関しては、市町村の**保健センター**が担当する役割分担に整理された。

しかし、2009年の新型インフルエンザで新興感染症への備えが不十分であることがわかったため、公衆衛生の専門家などからは保健所機能の強化が指摘されたが、大勢を占めるに至らなかった。

保健所と地方分権改革の関係では、運営費など各種補助金が2007年度までにすべて一般財源化されたが、**保健所長を医師に限る資格要件**が以前から論点となっている。

この要件について、全国知事会は撤廃あるいは緩和を求めてきたが、厚生労働省は「感染症などの緊急的な対応を要する際、医療機関と連携を図る必要がある」と反対。現在は一定の要件を満たした人に限り、医師以外でも所長になれる道が開かれているものの、原則として保健所の所長を医師に限定する要件は今も続いている。

**【答え ❸】**

61
★

## 津波の速さは?

津波とは、海底で起きた地震などによって、海水が陸地に押し寄せてくる巨大な波のことです。津波の速度は、水深が深いところで発生した地震を原因とするほど、早くなります。そして伝わり方も、水深が深いほど速く伝わり、水深が浅くなるほど速度は遅くなっていきます。

そこで、例えば南海トラフのような水深の深いところで伝わる津波の速さは、乗り物にたとえると、次のうちどれくらいの速さになるでしょうか。

❶ 自動車並みの速さ
❷ 新幹線並みの速さ
❸ ジェット機並みの速さ

A 解説

南海トラフのような水深の深いところ（水深5000メートル程度）では、津波の速度はジェット機並みの速さ（時速800キロメートル程度）で進む。また、海岸付近の水深が浅いところでも、沖合に比べスピードは遅くなるが、それでも水深が10メートル程度のところでは、時速40キロメートルと自動車並みの速さで進む。このため、津波が間近に迫ってからでは、オリンピックの短距離走の最速の選手（時速36キロメートル）でも逃げることはできない。

このように、津波の速さや、到達時間は、私たちの想像している以上に速い。近い将来、必ず起こるとされている**南海トラフ地震**では、最も早く津波の到達が予想される和歌山県串本町で、**地震発生後わずか3分で津波が到達**すると想定されている。海底で地震が発生したら必ず津波が来るものと考え、沿岸部や川沿いにいる人は、直ちに高台や避難ビルなど、より高く安全を確保できる場所に避難することが必要だ。

そして更には、いったん避難したとしても、ここなら安全だと考えず、できる限り更に高い場所を目指して避難することも、津波から命を守るためには大切である。

**［答え ❸］**

62
★

# 119番通報で多いのは?

消防機関への緊急通報に関する電話番号は、電気通信番号規則（令和元年総務省令第4号）によって、「119」番と定められています。119番の受信件数は年々増加しており、令和2年中の119番通報件数は全国で793万2672件でした。その通報内容は多岐にわたりますが、内訳で最も多かったのは、次のうちどれでしょうか。

❶ 救急・救助
❷ 火災
❸ いたずら・間違い

A 解説

令和2年中の119番通報のうち、最も多かったのが**救急・救助**に関する通報で、通報全体の約7割の69.7%を占めた。次いで**間違い**が4.7%、**いたずら**が0.9%であり、**火災**はわずか0.8%であった。出火件数自体についても減少傾向にあり、この10年間（平成22年から令和2年まで）で25・6%も減っている。

一方で、救急出動件数は増加傾向にあり、この10年間（平成22年から令和2年まで）で8・6%増加となっているものの、令和2年に関しては前年度比で減少に転じた。これは、新型コロナウイルス感染症拡大による衛生意識の向上や、不要不急の外出自粛など、国民の意識や行動の変化が影響していると考えられる。

更には、通報件数を回線区分別で見てみると、携帯電話やIP電話からの通報が急増しており、令和2年中では、携帯電話からの通報が49・7%で全体の約半数、IP電話からの通報も24・2%と約4分の1を占めた。

ちなみに、携帯電話からの通報では、GPS測位や携帯電話基地局の情報から位置情報を割り出し、固定電話からの通報では利用者の住所から、発信者の位置を割り出している。

**【答え　❶】**

# 地震の揺れが続く長さは？

地震は、地下の岩盤がずれること（これを「断層運動」といい、その規模を示した指標が「マグニチュード」と呼ばれます。）によって起こります。

大きな地震が起こると、怖くて「早く収まってくれ！」と祈りながら机の下などに隠れますが、収まるまでの時間はとても長く感じます。地震による強い揺れが続く時間は、その地震の断層運動が継続する時間とほぼ同じと言われます。

マグニチュード7・3の兵庫県南部地震（阪神・淡路大震災）では、強い揺れが15秒間続きました。では、マグニチュード9・0の東北地方太平洋沖地震（東日本大震災）では、強い揺れは最長でどのくらい継続したでしょう。

❶ 15秒間（兵庫県南部地震と同じ程度）
❷ 75秒間（兵庫県南部地震の5倍程度）
❸ 190秒間（兵庫県南部地震の12倍程度）

A 解説

設問にあるとおり、地震による強い揺れが続く時間は、その地震の断層運動が継続する時間とほぼ同じで、その断層運動の規模を示すマグニチュード(正確には「モーメント・マグニチュード」という。)が大きくなるほど長くなる。日本付近で発生する地震による強い揺れは、マグニチュード7クラスの地震であれば約10秒間、マグニチュード8クラスの地震では約1分間、マグニチュード9クラスの地震なら約3分間継続する。東北地方太平洋沖地震では、福島県いわき市小名浜の観測点で、震度4以上の揺れが190秒間続いている。

ちなみに、地震の規模を示すマグニチュードとは、地震が放出したエネルギーを表す指標のこと(その中でも「モーメント・マグニチュード」とは、断層運動の規模を特殊な計算によって導き出した指標で、大規模な地震のマグニチュードは、このモーメント・マグニチュードが使用される。)。

---

マグニチュードが一つ増えると、地震の規模が2倍になるのではなく約32倍となり、二つ増えると約1000倍もの規模となる。マグニチュード9・0の東北地方太平洋沖地震と、マグニチュード7・3の兵庫県南部地震とを比較すると、マグニチュードの差は1・7だが、地震の規模では350倍に相当する。つまり、兵庫県南部地震の350個分がほぼ同時に起こったのが、東北地方太平洋沖地震となる。

また、近い将来、必ず起こるとされている**南海トラフ地震**の規模は、**マグニチュード9・1**と想定され、**3分間を超えて強い揺れ**が続くことが予想される。一方で、Q61の解説にあるように、南海トラフ地震での最も早い津波到達予想は、地震発生の3分後とされており、最悪の事態を想定した事前の準備がいかに大切か、このことからもわかる。

**[答え ❸]**

64 ★★

# 避難情報と警戒レベルは?

災害の危険が迫って住民の避難が必要になった場合、市区町村は避難に関する情報を発令します。この避難情報は状況の切迫度に応じて出され、住民の皆さんには各情報に応じた行動が求められます。この市区町村が発する避難情報の中で、最高レベルの「警戒レベル5」は、次のうちどれでしょう。

❶ 緊急安全確保
❷ 避難指示
❸ 避難勧告

**A 解説**

従来は、市区町村が出す情報は「避難指示」が最高レベルであったが、それを上回るものとして2019年に、警戒レベル5に相当する情報である「**災害発生情報**」が新設された。

その後に、2021年の災害対策基本法の改正を契機に、実際に災害の発生が確認できなくても切迫した状態で発令できるよう、「**緊急安全確保**」に表現が変更された（なお、この時点で、「避難勧告」は廃止された。）。

過去の災害では、当時の最高の警戒レベルである「避難指示」が深夜に出され、慌てて自宅から暗闇の屋外に飛び出して、濁流に流されるなど被災する方も発生した。そのため、住民がとるべき行動を「命の危険　直ちに安全確保！」として、災害発生または切迫の状況で市区町村が発する警戒レベル5を、「避難指示」ではなく「災害発生情報」（その後に「緊急安全確保」に変更。）という表現にした。

しかし、多くの市区町村が、「空振り」などの懸念から、最高レベルの情報を発令することに躊躇しかねないことや、緊急安全確保との言葉の趣旨が、国民全体に十分浸透しているとは言い難いことなど、依然として課題が残っているとの指摘もある。

**【答え ❶】**

# 消防本部がない町村の救急業務は?

消防事務(消防業務及び救急業務)を行うために、市町村が単独で、または複数の市町村が一部事務組合を構成し、消防本部を設置しています。しかし、全国の29の町村では消防本部が設置されておらず、常設の消防機関(消防署など)がありません(いわゆる「消防非常備町村」)。このような消防非常備町村では、消防業務は非常勤の消防機関である「消防団」が行っています。

では、救急業務についてはどのように行っているか、次のうち正しいものはどれでしょうか。

❶ 消防法の規定によって警察が救急業務を代わりに行うことになっており、地元の駐在所や交番の警察官が、消防士に代わって救急事務を行っている。

❷ その町村役場で救急車を保有し、緊急時には役場職員が救急車に乗って駆け付けるなど、町村役場職員が消防士に代わって救急業務を行っている。

❸ 救急業務も消防業務と同様に、消防団が行うことになっており、消防団が救急車を保有して、消防団員が救急車で駆け付け、救急業務を行っている。

A 解説

**消防非常備町村**では、救急業務は原則として町村役場が対応している（これを「**役場救急**」という。）。

総務省消防庁の2017年の調査では、当時、役場救急を実施していた31市町のうち、役場から一部民間へ委託しているところが2町村で、それ以外は役場職員などが直接対応（町村立の診療所で対応しているものを含む。）していた。

役場救急では、救急救命士の資格がない役場職員も従事可能であるが、一般的な医療行為はできない（ただし、救急救命士資格を持った役場職員が同乗すれば、通常の救急業務と同等の医療行為が可能。）。

全国の消防非常備町村のうち、21町村は離島（東京都、香川県、鹿児島県、沖縄県に属する離島）であり、離島以外では和歌山県（1町）、徳島県（3町村）、宮崎県（4町村）に、それぞれ所在する。

［答え ❷］

# 市民参加に必要な人材は？

「まちづくり」には、市民の参加が欠かせません。一歩進んで「協働」は、行政と市民が対等な立場に立ち、共に手を携えてまちづくりをするともいえます。市民参加には多様な人材が必要です。そこで、昭和の時代からいわれている「まちづくりに必要な人材」があります。いわゆるイノベーションを起こすと期待される人たちです。それは、よそ者、若者、とあと一人、どんな人でしょうか。

❶ 切れ者
❷ ばか者
❸ 掘出し者

A 解説

ひらがなの「まちづくり」は、「国家主導・官僚主導の官治的都市計画に対する住民・市民の多様な対抗運動のなかから生み出された」(白石他)といわれている。都市に対してまち、計画に対してつくるである。ハードな側面だけでなく、ソフトな側面も含めて全体としてのまちであり、その主体は、行政と住民が協力してつくっていくという意味である。「一定地域に住む人々が、自分たちの生活を支え、便利に、より人間らしく生活していくための共同の場を如何につくるかということである」(田村)。市民参加がまちづくりの鍵となる。

まちづくりの先鞭をつけるのが**よそ者**、**若者**、**ばか者**である。よそ者は、他地域から来た者で、その地域の常識やしがらみに縛られず、新しい風を持ち込む。若者は、年齢が若く、柔軟で新しい感性や発想力が期待できる。さらに体力もある。もちろん、気持ちが若いという人も対象である。最後にばか者とは、表現は憚られるが、まちのこと、これが大切だと思うことに一途に打ち込む人のことである。周囲の人から見ると狂気の人のように映るほど。これら三者と行政が協働することでイノベーションが起こり、より人間らしく生活していく共同の場ができていく。そして、四者の行動が市民の間に広がり、継続・発展していくのである。

近年では、まちづくりの分野だけではなく日本の社会や企業のイノベーションにもこの三者へ期待が集まっている(真壁)。

**[答え ❷]**

田村明『まちづくりの発想』岩波新書、1987年
白石克孝・富野輝一郎・広原盛明『現代のまちづくりと地域社会の変革』学芸出版社、2002年
真壁昭夫『若者、バカ者、よそ者 イノベーションは彼らから始まる!』PHP新書、2021年

# ステークホルダーが集まって対話する方法は？

市民参加では、様々な利害関係者（ステークホルダー）が集まって対話することが必要だといわれています。しかし、グループに分かれて付箋紙を使用し分類するという、従来、多くのワークショップで行われてきたＫＪ法で進めると、かえって合意形成が難しい場合があります。

近年、市民参加の様々な場面で「対話」を中心にした進め方が自治体でも採用されるようになってきました。その方法として適当なものは、次のうちどれでしょうか。

❶ プランニング・セル（計画細胞）
❷ コンセンサス会議
❸ ワールドカフェ

A 解説

多人数、多様なステークホルダーが参加して対話するホールシステムアプローチの方法の一つに**ワールドカフェ**がある。進め方は簡単で20分程度の対話を、メンバーチェンジをしながら3ラウンドほど行い、最後にハーベストと呼ばれるまとめを行う。ラウンド中はまとめることを念頭に置かずに対話に集中することで、「集合的理解や物事を前に進めようとする動きが現れてくる」(アニータ・ブラウン他)。

ワールドカフェは、一般的なワークショップでの課題を解決できる方法でもある。①グループを固定しないので、**多くの人と対話**することができる。視野が広がり、他のステークホルダーの立場や考え方等を知ることができる。②まとめよりも**対話を重視**しているので、対話が深いものになり、**思考が相互に影響**したり、**新たな発見**があったりする場面が多い。

わが国では、2011年北海道札幌市、2012年福岡県福岡市の総合計画の策定時に市民の意見をワールドカフェで集めた。福岡市では、その後もワールドカフェ方式でフォローアップを行っている。区政運営方針策定や公園基礎計画策定等における市民参加等で、ワールドカフェ方式で進めている自治体もある。

海外に目を向けると、アイスランドでは、2009年に事実上、国がデフォルトを起こした際、国の方向性を国民が考えるワールドカフェが行われた。その結果、憲法を改正することとなったが、憲法改正にあたって義務付けられている国民集会においてもワールドカフェが行われた。

**【答え ❸】**

アニータ・ブラウン、デイビッド・アイザックス著、香取一昭、川口大輔訳『ワールド・カフェ』ヒューマンバリュー、2007年

# 市民の委員等を募集する方法は？

市民が参加する審議会や策定委員会の委員などを公募するにあたり、課題となるのが、誰の参加を促すかです。メンバーが固定されてしまい、なかなか新しい市民が参加しないとか、参加する世代に偏りがあるなど、市民の代表といってよいのかと考えてしまう、固定された市民による市民参加になってしまっていること、ありますよね。

その疑問を払拭するような参加を促す方法は、次のうちどれでしょうか。

**❶ SNSで公募**

**❷ 無作為抽出**

**❸ 納税額を基準に選出**

A 解説

**無作為抽出は、ミニ・パブリックス**とも言われ、社会の縮図となるように無作為に抽出した市民を対象とする。広報などで委員を募集しても、現役で働いている世代からの応募は少ない。いわゆる充て職でお願いすると、いつものメンバーとなってしまい、ここでまとめた意見を市民の意見としてもいいのだろうか、という疑問がある。それに対して、サンプリングされた、社会の縮図で構成されたメンバーでの話し合いであれば、市民の声ということができる。

また、無作為で抽出された市民の話し合いの質についての疑問もあろう。自治体のことを何も知らないのに話し合いができるのか、公務員批判で終わってしまうのではないかなどの懸念がある。日本で、無作為抽出で大規模に行われた２０１０年の神奈川県藤沢市のＤＰ（Deliberative Polling）の事例によると、参加の動機は、「手法が珍しかったから」39・1％、「自分の意見が総合計画に反映されるから」14・9％、「自分の意見を言ってみたかったから」14・3％となっていた。参加者は、批判をしようという気持ちではなく、自分の意見を自治体という大きな組織の計画に反映させてみたいという気持ちが大きいことが分かる。他の事例で行われたアンケートでも、せっかく声をかけてくれたのだから、行政からの招待状が来るなんて驚いたなどの反応があった。市民の参加も、行政からのアプローチ次第なのかもしれない。

コロナ禍でテレワークが増えたことにより、働く世代が時間に余裕ができ、まちに関心を持ちはじめているという研究がある。今が無作為抽出のチャンスである。話し合いの質についても、事前に資料を準備すれば足りることである。なお、Q67の解説で、事例として紹介したアイスランドの例は、いずれも無作為抽出で行われた。**[答え ❷]**

# 参加で話し合った成果と議会との関係、どう整理する？

市民参加で話し合いをした結果は、無作為抽出であれば特に、市民社会の縮図であり、ある程度の正統性があるものだとします。もちろん、選挙で選ばれた議員で構成される議会も正統性をもった市民の意見です。

市民参加で話し合った結果と議会の議決の関係は、どのように整理しておけばよいのでしょうか。

❶ 第二の回路
❷ 第三者機関
❸ 直接民主主義

今では少ないかもしれないが、市民参加で検討された成果に対して、「それは、議会を軽視しているのではないか」という懸念をもたれることがある。この相反するような二つの関係をしっかり整理しておく必要がある。

ハーバーマスは以下の図のように整理している。政策決定には二つの回路があるとしている。第一の回路は、**議会の議決を経る回路**。第二の回路は**市民社会からの回路**である。市民社会の回路はさらに二つに分かれており、**直接的回路**は住民投票など、**間接的回路**は、一定のルールのもとで行われるワークショップなど市民参加の会議などである。

投票率の低下に象徴されるような、市民社会と政治社会が乖離しているような現在において、第二の回路の柔軟性、先見性が第一の回路の議決に影響することで、市民社会と政治社会の結合を取り戻すことができる。

**【答え ❶】**

図　篠原一によるハーバーマスの二つの回路

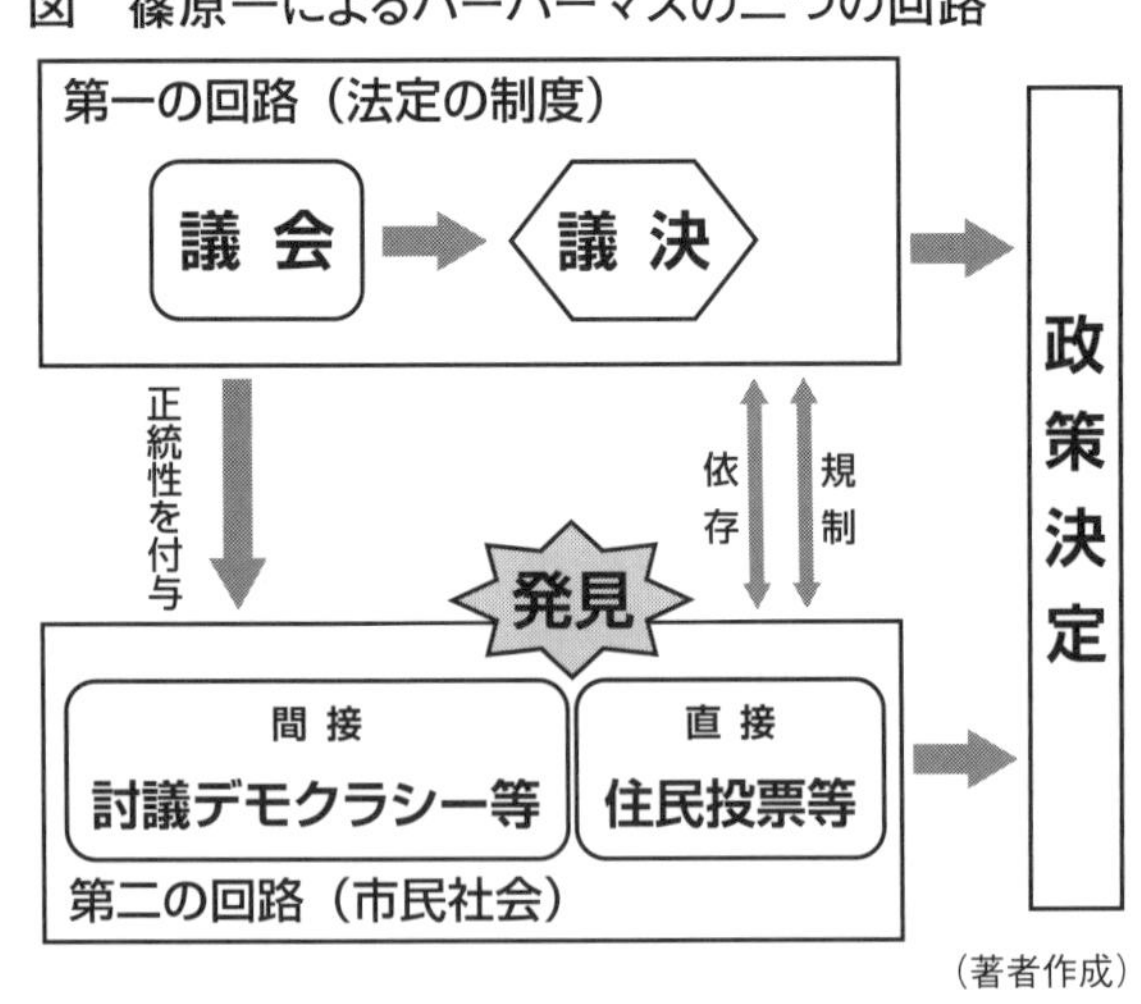


（著者作成）

# NPOは無報酬？

1995年に発生した阪神・淡路大震災は、死者6400余名、負傷者4万3700余名に上る甚大な人的被害をもたらしました。震災後は、個人や任意のボランティア団体を含め、延べ100万人を越える人たちが復興のため被災地に集まりました。これを契機として市民活動やボランティアの存在が注目されるようになり、それまで任意団体だったボランティア団体の立場を強化すべきだという声が高まって、1998年に「特定非営利活動促進法」、いわゆるNPO法の成立につながりました。

NPO（Non-Profit Organization）とは、「市民の自発的な参加と支援を基礎に、営利を目的としないで、社会的な課題の解決に向けて、組織的・継続的に社会に働きかけ事業や活動を行う民間団体」のことです。ボランティアは、一般的に「自発的な意志に基づき他人や社会に貢献する行為（を行う人）」を指し、無報酬であることが前提となっています。NPOは組織を指す言葉、ボランティアは個人やその行為を指す言葉ですが、どちらも社会貢献活動を行うという点は共通しています。

では、NPOの報酬に関して、次のうち正しいものはどれでしょうか。

❶ NPOは全員が無報酬でなければならない。
❷ NPOはスタッフに給与を支払うことができる。
❸ NPOの理事は無報酬でなければならない。

A 解説

正解は、❷。1998年の特定非営利活動促進法成立から20年以上が経過しているが、いまだに「NPOは全員がタダ（無報酬）」という誤解がある。NPOを理解するには、**「非営利」の意味を正しく捉える**ことが重要である。

収入からコストを引いた残りが収益であり、事業体として収益は当然必要である。特定非営利活動の「非営利」とは、**事業で得た収益を組織内で分配しない**という意味である。では、収益を何に使えばよいのかということだが、これはすべて今後の事業（非営利活動）を行うための活動資金となる。NPOは民間団体であり、組織を維持していく必要があることから、収益を目的に事業を行うことは認められている。NPOの構成メンバーには、活動ボランティア、スタッフ、理事といったように、様々な立場の人がいる。スタッフの給与は団体の経費（コスト）として扱われるため、収益の分配には当たらない。よって、NPOは全員が無報酬でなければならないということではなく、スタッフに対して給与を支払うことができる。また、特定非営利活動促進法2条2項1号には「役員のうち報酬を受ける者の数が、役員総数の3分の1以下であること」と規定されている。つまり、理事については有償とすることも可能であり、役員名簿に報酬の有無を明記する。

スタッフに給与を支払う以外にも、例えば事務所の家賃、光熱水費、電話代など、活動するうえではお金がかかる。非営利の意味を正しく理解していないと、「NPOなのにお金を取るの？」「お金を取るということは営利活動だ」という誤解を生むことになる。自治体職員の基礎知識として、最初の入り口で解釈を間違えないことが重要である。

**［答え　❷］**

# 行政がNPOと協働する際の注意点は？

特定非営利活動促進法の施行以来、NPOは幅広い分野で活動しています。現代社会においては、ニーズの多様化・複雑化、家族や地縁組織の機能の弱体化などの状況から、行政組織だけで社会的問題を解決するのは難しく、新たな「公共」を担う存在としてNPOとの協働が求められてきました。

行政がNPOとの協働を行う際に、業務委託の形をとることがあります。前年度の実績では特に問題がなかったため、今年度も同じNPO法人と業務委託契約を交わしました。行政側から今年度の進め方を指示したところ、NPO法人側からは「前年度の反省点を踏まえて、今年度はやり方を変えたい」との意見が出ました。

このような場合、行政はどのような対応をすべきか、次のうち正しいものはどれでしょうか。

❶ 行政とNPOは上下関係にあるため、NPOはすべて行政の指示に従わなくてはならない。

❷ NPOの主体性を尊重し、行政は極力関わらずに、自由に進めてもらえばよい。

❸ お互いの意見の違いを認めたうえで、再度話し合う。

A 解説

正解は、❸。協働とは「協力して共に働くこと」であり、協働を補完する言葉として**パートナーシップ**がある。日本ＮＰＯセンターでは、「協働（パートナーシップ）とは、『異種・異質の組織』が、『共通の社会的な目的』を果たすために、『それぞれのリソース（資源や特性）』を持ち寄り、『対等の立場』で『協力して共に働く』こと」と定義している（日本ＮＰＯセンターＨＰより引用）。

協働（パートナーシップ）は上下関係や主従関係ではなく、**対等な関係**を原則としている。対等な関係とは「握手の関係」とも言い換えることができる。「握手」において、どちらかが上で、どちらかが下ということはないはずである。

また、行政とＮＰＯは双方の**自律性**がポイントであり、お互いが異質だから補い合える、協働する意味がある。行政はゼネラリスト、ＮＰＯは特定分野におけるスペシャリストである。協働事業によって高い成果を上げられるよう、双方で努力する必要がある。

業務委託は形式にすぎず、「協働（パートナーシップ）」が基本にあることを忘れてはいけない。ましてや、ＮＰＯのことを「安価で使える下請け」と考えるのは間違いである。ＮＰＯ側から行政とは異なる意見が出たときには、その違いを認めたうえで、どうしたらよい方向に進めることができるのか、どうしたら受益者にとってよりよいサービスになるのか、対話を重ねることが必要である。行政がＮＰＯに対して一方的な指示を出し、それに対してＮＰＯが意見を言うこともできずに従うという状況は、協働とは言えない。また、ＮＰＯの主体性を尊重するのはよいとしても、行政が極力関わらないのはＮＰＯに責任を丸投げすることになり、「協力して共に働く」の趣旨から外れていることになる。

**［答え　❸］**

# 自治体職員がNPO活動をする際の指針とは?

自治体職員も地域住民の一人ですから、社会的課題に目を向け、その解決のために活動したいと思うのは、何ら不思議なことではありません。

兵庫県神戸市では2017年4月に「地域貢献応援制度」を、奈良県生駒市では2017年8月に「地域貢献活動を行う職員の営利企業等の従事制限の運用について」を、長野県では2018年9月に「地域に飛び出せ!社会貢献職員応援制度」を策定、スタートさせました。これらの制度の目的は、職員が地域に飛び出し、報酬を得ながらNPOなどの社会貢献活動へ積極的に参加するとともに、その活動から得た「学び」を自治体行政の政策に活かすことにあります。

このように、自治体職員のNPO活動、社会貢献活動を後押しする取り組みは、年々広がってきています。しかしながら、全国共通のルールはなく、具体的な環境整備については各自治体の判断に委ねられているのが現状です。周囲の目が気になり、なかなか一歩踏み出せないという人も多いのではないでしょうか。そんな中、地域に飛び出す公務員を応援する首長連合では、2018年11月に、「望ましい『公務員の○○』ガイドライン(第1版)」を提案しました。「○○」の部分に入る言葉は次のうちどれでしょうか。

❶ 副業　❷ 複業　❸ 福業

A 解説

正解は、❸。このガイドラインは、幸福の「福」を使って「福業」と表記していることが特徴である。職員が地域に飛び出し、住民とともに社会貢献活動に取り組むことは、地域づくりにとって重要である。しかし、営利企業等への従事制限に抵触するおそれから許可されない場合も少なくない。

そこで、**自治体職員の社会貢献活動**を「福業」と称して、その望ましい形についてガイドラインとして示した。福業は、**本業の意識向上につながる活動**である。「副業」や「複業」では、収入を得ることが第一目的だと誤解されやすいため、「福業」と表現している。このガイドラインに拘束力はなく、これを参考にしながら各自治体でガイドラインを定めていくというのがねらいである。

望ましい「公務員の福業」ガイドライン（第1版）は、岐阜県飛騨市で開催された「第8回地域に飛び出す公務員を応援する首長連合サミット」にて提案された。ガイドラインやサミット当日プログラム及び開催記録は、首長連合HP（https://tobidasu-rengo.com/wp）で公開されている。当日プログラムの8ページから9ページでは、「営利企業への従事等の制限（地方公務員法38条）」についても詳しく解説されているので、一読することをお勧めしたい。

自治体職員を取り巻く環境は大きく変化している。若手職員の早期退職が増える一方、DX人材の外部採用なども行われている。人材の流動性はさらに高まることが予想されており、人事制度が時代に合わなくなってきているとも言える。

今後、自分がNPO活動に参加したり、仲間とともにNPO法人を立ち上げたりすることになるかもしれない。日頃から情報収集して、正々堂々と活動できるよう準備しておきたいところである。

**【答え ❸】**

# NPOは政治に関わりを持っていいの？

NPO法人の政治活動等に関しては、特定非営利活動促進法2条2項2号において次のように規定されています。

「特定非営利活動法人」とは、特定非営利活動を行うことを主たる目的とし、「政治上の主義を推進し、支持し、又はこれに反対することを主たる目的とするものでないこと。」「特定の公職（公職選挙法（昭和25年法律第100号）第3条に規定する公職をいう。以下同じ。）の候補者（当該候補者になろうとする者を含む。以下同じ。）若しくは公職にある者又は政党を推薦し、支持し、又はこれらに反対することを目的とするものでないこと。」

では、NPO法人として政策提言活動をしたり、特定の法律案に対して反対したり、あるいは、こういう法律を作ってもらいたいという提案をNPO法人が行うことは問題ないのでしょうか。NPOの政策提言に関する考え方について、次のうち正しいものはどれでしょうか。

**❶NPOの政策提言は法2条2項2号の規定に反するため、行ってはならない。**

**❷社会的課題の解決に取り組む中で、NPOが政策提言を行うことは、むしろ当然の役割である。**

**❸政策提言を行うことはできるが、政治家への働きかけを行ってはならない。**

**A 解説**

正解は、❷。特定非営利活動促進法2条2項2号の解釈としては、「NPO法人が政治活動を主たる目的・事業としておらず、特定の選挙活動を組織の目的・事業としていなければ法令違反とはならない」ということである。NPO法人が禁止されているのは、「政治上の主義の推進」であって、**政策提言活動**は含まれていない。NPOは社会的課題を解決するために活動しており、その過程において、一定の政治活動は行えるし、政治家に働きかけを行うことも可能であると考えられる。また、国や自治体に対して、政策提言することも当然可能である。

NPOには、「**直接サービスを提供**する」、「**間接的サービスを提供**する（教育訓練など）」、「**アドボカシー**を実行する」という三つの役割がある。アドボカシー（英：advocacy）とは、「擁護・代弁」や「支持・表明」などの意味を持つ言葉である。

例えば医療や介護、福祉の分野では、自分の意思をうまく伝えられない患者、高齢者、障害者の権利を擁護し、意思を代弁する意味でも使われている。政策提言は、アドボカシー活動の一つである。

社会的課題の解決には、NPOが日々の事業活動（サービスの提供など）を実践するのはもちろんであるが、それだけでは十分とは言えない。問題が生まれてくる原因や背景を調査研究し、問題の構造を把握する必要がある。そして、課題解決のために、方策を構築し、実行することが求められる。具体的には、政策の実施や法律・条例の制定あるいは改正を行政や政治に働きかけること、これが「政策提言」である。よって、現場の現状を踏まえて政策提言していくことは、特定非営利活動促進法の規定には違反しておらず、むしろ**NPOの本来の役割**だと言える。

**【答え　❷】**

# 地域の自治力を高める外部人材とは？

過疎地域などの条件不利地域では、高齢化や人口減少などにより地域で活動できる人が減少し、地場産品の開発といった地域の活力を高める活動はもちろんのこと、農林水産業の維持等の従来から地域で営まれていたことさえも困難になっています。一方で、地方創生の取り組みもあり、都市部から地方への人材の流動性も高まっています。

こうした中で、２００９年度に総務省が創設した制度で、都市地域から過疎地域等の条件不利地域に住民票を異動し、地域ブランドや地場産品の開発・販売・ＰＲ等の支援や、農林水産業への従事、住民支援などの地域協力活動を行いながら、その地域への定住・定着を図る人のことを何というでしょうか。

❶ 地域おこし企業人
❷ 集落支援員
❸ 地域おこし協力隊

A 解説

総務省が２００９年に創設した**地域おこし協力隊**は、都市地域から過疎地域等の**条件不利地域**に住民票を異動し、生活の拠点を移した者を、自治体が地域おこし協力隊員として委嘱するものである。

隊員は一定期間（概ね1年以上3年以下）、地域に居住して、**地域おこしの支援**、**農林水産業への従事**、**住民の生活支援**などを、地域の人たちと協力しながら進める。２０２１年度における全国の隊員数は６０１５人で、隊員の70％が20～30歳代である。隊員が**若者視点**や**外部視点**等を活かし地域活動を展開することで、地域住民だけではできなかった柔軟な発想による活動が展開され、地域住民に大きな刺激を与えるとともに、**地域の活力**や**自治力の向上**につながっている。

また、隊員も自身の能力を活かした活動となり、理想とする暮らし方・生き方につながり、総務省調査では、２０２１年3月末時点で隊員の約65％が任期終了後も同じ地域に定住している。

こうした地域における**外部人材の活用**では、地域おこし協力隊だけではなく、近年は**関係人口**の創出も注目されている。関係人口とは、出身地域などその地域にルーツがある人や地域のことを応援したい人などが、多様な方法で居住していない地域に関わっていくことである。関わり方は多様であり、実際に地域に出向き、農林水産業や地域イベントの企画運営など人手不足のところを手伝うものもあれば、オンラインを活用した会議やワークショップへの参加や、地域が主催する都市部でのイベントの手伝いなど地域に赴くことなく行うものもある。また、ふるさと納税制度を活用し地域活動を資金的に応援する方法もあり、関係人口は今後ますます期待されている。

**［答え　❸］**

# 自治会・町内会等の法人化は？

１９９１年の地方自治法（以下「法」という。）の改正により、不動産等の財産を保有又は保有を予定し、一定の区域に住所を有する者の地縁に基づいて形成された団体に法人格を与え、当該団体名義での不動産登記等を可能にする制度が新たに創設されました。この法人格は何というでしょうか。

❶ 認可地縁団体
❷ 財産区管理会
❸ 地縁財産管理組合

A 解説

以前は、自治会・町内会などの地縁に基づいて形成された団体（以下「地縁団体」という。）は、法人格を取得することができなかったことから、当該団体の名義での不動産登記をすることができなかった。そのため、不動産の登記名義を当該団体の会長個人又は役員の共有名義としなければならず、当該名義人の死亡による相続問題等の財産上の問題が生じることがあった。このような問題に対処するため、1991年に法が改正され、一定の手続きを行うことで**地縁団体の法人格取得**が可能になり、**団体名で不動産等の登記**ができるようになった。

さらに近年、地縁団体では、当該地域の住民が中心となって取り組む地域自治活動の幅が広がり、地域が必要とする様々な収益活動や公共サービスの提供活動を行うようになっていった。そして、不動産等の財産の保有有無にかかわらず、持続的な活動基盤を整えるために法人格の取得を求める団体が増えていったのである。その結果、2021年に法改正され、地域的な共同活動を円滑に行うため、不動産の保有又は保有の予定にかかわらず、法人格を取得することが可能になった。

なお、2021年5月の法改正（2021年11月施行）後の認可地縁団体の要件は、次のとおり。

・その区域の住民相互の連絡、環境の整備、集会施設の維持管理等良好な地域社会の維持及び形成に資する地域的な共同活動を行うことを目的とし、現にその活動を行っていると認められること。
・その区域が、住民にとって客観的に明らかなものとして定められていること。
・その区域に住所を有するすべての個人は、構成員となることができるものとし、その相当数の者が現に構成員となっていること。
・規約を定めていること。

**【答え ❶】**

# 地域自治システムに基づく地域自治組織の要件とは？

近年、高齢化や人口減少等により、自治会・町内会等の地域づくりの担い手が減少してきています。そこで、従来の地域自治の在り方を見直し、小学校区等の一定の地域において住民が参加し、「自分たちのまちは自分たちで創る」という精神のもと、住民自身が自主的な活動を展開する新たな地域自治組織の組織化が急速に広がっています。この地域自治組織の名称は、「地域自治協議会」「住民自治協議会」など自治体によって異なり、さらに省庁によっても「地域運営組織」（総務省）、「小さな拠点」（内閣府）、「農村型地域運営組織（農村ＲＭＯ）」（農林水産省）と異なっています。しかし、自治体・各省庁とも、こうした組織の設立を促進する目的の多くは、地域自治組織を中心とした参画・協働関係による新たな地域自治システムの構築となっています。内閣府が２０２０年に全国市町村（東京23区を除く。）を対象に実施した「小さな拠点の形成に関する実態調査」では、２０２０年5月末時点における状況として、回答のあった市町村のうち５３３市町村において小さな拠点が形成されており、前回調査から増加していいます。こうした新たな地域自治組織に対して、市町村が公共的団体として位置づけ、運営支援として交付金や補助金を交付していることも多くあります。次のうち、公共的団体として必要な要件として最もふさわしくないものはどれでしょうか。

**❶ 民主性　❷ 採算性　❸ 開放性**

A 解説

地域自治システムの構築は自治体の自治事務であり、法令等で定められた全国的に統一した決まりはない。しかし、地域自治システムとして自治体が地域自治組織を協働のパートナーとして位置づけ、交付金等の財政支援を行うならば、公共的団体として**公共性を担保**し、**公的支援を制度化**することが必要だろう。

自治事務であるためその手法はまちまちであるものの、条例や規則等で認定要件を明記しているところが多い。その認定要件の多くは、次のとおりである。

① 地域自治組織の範囲が、一定のまとまりのある地域内（小学校区を単位としているところが多い）といった**領域**を明確にしていること。

② 住民が自発的に設立した地域自治組織であり、多様な主体（基礎的なコミュニティである自治会、市民、各種団体、まちづくり団体、企業等）で構成する地域自治協議会を設置して、地域の知恵や力を結集させ、地域内の団体や住民同士が連携する仕組みであるとともに、住民の総意が反映される**地域代表制**があること。

③ 規約が整備されており、地域自治組織の意思決定、役員選任、会計等が地域内において**民主的**で**透明性**のある組織運営がなされていること。

④ 全住民（場合によっては事業者、通学・通勤者含む。）が構成員の対象となり、誰もが希望に応じて運営に参画できる**開放性**が担保されていること。

**［答え ❷］**

# 地域自治組織の事務局が担う役割は？

一般的に団体の事務局といえば、「庶務」「会計事務」といった業務がイメージされます。それでは、Q76における地域自治組織の事務局は、どういう役割を担うことが求められるでしょうか。

規約に基づいた組織運営を行うとともに、正確かつ的確な会計処理を行うことは、組織を円滑に運営していくための根幹であり、事務局としてとても重要な役割です。そのほかに、地域自治組織において、地域のビジョンや地域の困りごとなどに対して、参画する多様な人や自治会、各種団体、まちづくり団体、企業等が持つ力を活かし合い、互いに連携し、総合力が発揮できるようにするためには、事務局の在り方は重要だといえます。

このように、事務局の役割を考えたとき、事務局の在り方としてふさわしくないものは、次のうちどれでしょうか。

❶ 特定の事務局職員を置かず、できる人が臨機応変に事務を担う。
❷ 有償の事務局職員を置く。
❸ 事務局職員が常駐する活動拠点施設がある。

A 解説

地域自治組織に参画する多様な人たちが、地域のビジョンに向けての活動や地域の困りごとを解決する活動などを、それぞれの専門性などを活かし合い、互いに連携しながら展開していくためには、地域自治組織の事務局にはどんな力が求められるだろうか。

例えば、地域住民の想いを引き出すだけでなく、参画する人たちが地域のことを自分事化していくプロセスを支え、主体性を引き出しながら活動につなげていく**ファシリテーション力**や、人・活動・組織などをつなげ、多様な主体相互の理解を深めて協働活動につなげていく**コーディネート力**、地域で共有したいことを共感が得られるようにわかりやすく伝える**プレゼンテーション能力**、**翻訳力**などがある。こうした役割は、知識や技術だけではなく、地域の人たちとの信頼関係があってできることでもあり、事務局職員を無償ボランティアや充て職として考えていると遂行するのは難しいだろう。

したがって、事務局の重要性を考え、**地域で事務局職員を中長期的に雇用**することが望ましい。そのことは、地域自治組織の継続性にもつながる。なお、雇用経費は、自治体から財政的支援がある場合もあるが、無い場合は財源を確保する方策として、地域内の各種団体の事務作業の受託や、公の施設の指定管理業務を担うなどが考えられる。

また、事務局職員が**活動拠点施設に常駐**することも活発な地域活動につなげる重要な要素である。それは、地域住民がいつでも自由に集える場があることは、住民同士の対話や、ときには事務局職員も交えての対話の機会が増え、事務局職員は地域住民の困りごとを把握し地域活動につなげやすくなるほか、地域住民の主体的な地域活動をコーディネートしやすくなるからだ。**［答え ❶］**

# Q78★ 都市計画で定める用途地域とは？

都市計画法2条は、「都市計画は、農林漁業との健全な調和を図りつつ、健康で文化的な都市生活及び機能的な都市活動を確保すべきこと並びにこのためには適正な制限のもとに土地の合理的な利用が図られるべきことを基本理念として定めるものとする。」と定めています。

この基本理念に基づき、都市計画の実務においては、住宅、商業施設、大規模な工場等が混在しない、秩序ある土地利用を計画することが重要になります。このため、都市計画法による地域地区の中でも重要な制度である用途地域を指定し、土地利用を適正に配分することができるようになっています。なお、この用途地域は、13種類の中から選んで指定することになります。

では、この用途地域13種類に該当するものは、次のうちどれでしょうか。

❶ 居住調整地域
❷ 田園住居地域
❸ 緑化地域

A 解説

都市計画法に定められている用途地域は、次の13種類である（都市計画法8条、9条）。

①第一種低層住居専用地域
②第二種低層住居専用地域
③第一種中高層住居専用地域
④第二種中高層住居専用地域
⑤第一種住居地域
⑥第二種住居地域
⑦準住居地域
⑧田園住居地域
⑨近隣商業地域
⑩商業地域
⑪準工業地域
⑫工業地域
⑬工業専用地域

正解肢の**❷田園住居地域**は、2017年に都市計画法が改正され、新たに創設された用途地域である。**❶居住調整地域**と**❸緑化地域**は、いずれも地域地区の一つであるが、用途地域13種類には該当しない。

参考として、**❷田園住居地域**を含む用途地域の制限規定は、建築基準法48条、52～57条に定められている。また、**❶居住調整地域**と**❸緑化地域**の制限規定は、それぞれ都市再生特別措置法90条、都市緑地法35条に定められている。

このように、地域地区の制限規定の多くは関連法に定められていることが多いことから、より深く理解したい場合には『自治体の都市計画担当になったら読む本』（学陽書房）が参考になる。

**［答え　❷］**

## 都市計画で定める都市施設は？

都市計画法4条は、「この法律において『都市計画』とは、都市の健全な発展と秩序ある整備を図るための土地利用、都市施設の整備及び市街地開発事業に関する計画で、次章の規定に従い定められたものをいう。」と定めています。

地域地区等の土地利用に関する都市計画は、エリアとしての広がりをもつことから、実務において「面の計画」と呼ばれることがあります。その一方で、道路や公園等の都市施設に関する計画は、「線の計画」や「点の計画」と呼ばれることがあります。

都市計画法11条は、道路や公園等の都市施設を列挙し、それらのうち必要なものを都市計画に定めることができるとしています。

では、駐車場、広場、市場のうち、都市計画に定めることができる都市施設として正しいものは、次のうちどれでしょうか。

❶ 駐車場と広場
❷ 広場と市場
❸ 駐車場と広場と市場

A 解説

都市計画法に基づく**都市施設**は、次の①から⑮までのとおりである（都市計画法11条、都市計画法施行令5条）。

駐車場、広場、市場は、いずれも都市施設として定めることができる。

①道路、都市高速鉄道、駐車場、自動車ターミナルその他の交通施設
②公園、緑地、広場、墓園その他の公共空地
③水道、電気供給施設、ガス供給施設、下水道、汚物処理場、ごみ焼却場その他の供給施設又は処理施設
④河川、運河その他の水路
⑤学校、図書館、研究施設その他の教育文化施設
⑥病院、保育所その他の医療施設又は社会福祉施設
⑦市場、と畜場又は火葬場
⑧一団地の住宅施設
⑨一団地の官公庁施設
⑩一団地の都市安全確保拠点施設
⑪流通業務団地
⑫一団地の津波防災拠点市街地形成施設
⑬一団地の復興再生拠点市街地形成施設
⑭一団地の復興拠点市街地形成施設
⑮その他政令で定める施設（電気通信事業の用に供する施設又は防風、防火、防水、防雪、防砂若しくは防潮の施設）

参考として、都市計画に定めた都市施設が**都市計画施設**ということになる。

**【答え ❸】**

# 都市計画マスタープランの留意点は？

都市計画法18条の2は、市町村が定める「市町村の都市計画に関する基本的な方針」（都市計画マスタープラン）について定めています。

同条では、ある二つのものに即し、都市計画マスタープランを定めるものとしています。その二つに該当しないものは、次のうちどれでしょうか。

※傍線は筆者加筆による通称です。

❶ 議会の議決を経て定められた当該市町村の建設に関する基本構想（総合計画）

❷ 住宅及び都市機能増進施設の立地の適正化を図るための計画（立地適正化計画）

❸ 都市計画区域の整備、開発及び保全の方針（都市計画区域マスタープラン）

A 解説

市町村は、❶議会の議決を経て定められた当該市町村の建設に関する**基本構想（総合計画）**並びに❸都市計画区域の整備、開発及び保全の方針（**都市計画区域マスタープラン**）に即し、当該市町村の都市計画に関する基本的な方針（**都市計画マスタープラン**）を定めるものとする（都市計画法18条の2）。

住宅及び都市機能増進施設の立地の適正化に関する基本的な方針が記載された❷住宅及び都市機能増進施設の立地の適正化を図るための計画（**立地適正化計画**）が公表されたときは、当該事項は、都市計画法18条の2第1項の規定により定められた市町村の都市計画に関する基本的な方針（**都市計画マスタープラン**）の一部とみなす（都市再生特別措置法82条）。

つまり、市町村は、❶**総合計画**と❸**都市計画区域マスタープラン**に即し、**都市計画マスタープラン**を定めるのであり、❷**立地適正化計画**は**都市計画マスタープラン**の一部とみなすものである。

**［答え　❷］**

## 首都圏と近畿圏で別々の関連法に基づいて行われる市街地開発事業は？

都市計画法1条は、「この法律は、都市計画の内容及びその決定手続、都市計画制限、都市計画事業その他都市計画に関し必要な事項を定めることにより、都市の健全な発展と秩序ある整備を図り、もつて国土の均衡ある発展と公共の福祉の増進に寄与することを目的とする。」と定めています。

この目的をふまえて、都市計画法は、土地利用、都市施設とともに、市街地開発事業についても定めています。

都市計画法12条では、都市計画区域については都市計画に7種類の市街地開発事業を定めることができるとしています。また、同条が掲げる7種類の市街地開発事業の中には、首都圏と近畿圏で別々の関連法に基づいて行われる市街地開発事業があります。

その市街地開発事業は、次のうちどれでしょうか。

❶ 土地区画整理事業
❷ 新住宅市街地開発事業
❸ 工業団地造成事業

A 解説

都市計画区域については、都市計画に次の①から⑦までの7種類の市街地開発事業を定めることができる（都市計画法12条）。

都市計画法12条が掲げる市街地開発事業の関連法は、カッコ内に示すとおりである。③工業団地造成事業については、首都圏と近畿圏で別々の関連法に基づいて行われる。

①土地区画整理事業（土地区画整理法）
②新住宅市街地開発事業（新住宅市街地開発法）
③工業団地造成事業（首都圏の近郊整備地帯及び都市開発区域の整備に関する法律、近畿圏の近郊整備区域及び都市開発区域の整備及び開発に関する法律）
④市街地再開発事業（都市再開発法）
⑤新都市基盤整備事業（新都市基盤整備法）
⑥住宅街区整備事業（大都市地域における住宅及び住宅地の供給の促進に関する特別措置法）
⑦防災街区整備事業（密集市街地整備法）

なお、首都圏の近郊整備地帯や都市開発区域、近畿圏の近郊整備区域や都市開発区域の区域図は、国土交通省による大都市圏整備のウェブサイト内にそれぞれ「首都圏政策区域図」と「近畿圏政策区域図」として掲載されている。

《参考》
国土交通省による大都市圏整備のウェブサイト
https://www.mlit.go.jp/toshi/daisei/index.html

※傍線は筆者加筆による。

【答え ❸】

# 都市の類型ごとに見た、交通手段の選択の特徴は？

人口減少社会において、地域をにぎやかにすることを目指すには、交流人口の創出が重要であり、交流を促進するには人々の移動を保障する交通、特に公共交通の充実度が大切な要素と考えられます。人々が移動する際にどのような移動手段を選ぶかを示す数値として「交通手段分担率（利用率）」がありますが、都市の類型ごとの交通手段分担率の特徴を説明する次の文のうち、正しいものはどれでしょうか。

❶ 地方部の、人口密度が低い都市ほど、自動車で移動する傾向が高い。
❷ 人口密度が高い都市ほど、自動車で移動する傾向が高い。
❸ 経年的に見ると、大都市でも自動車で移動する傾向が高まっている。

A 解説

国は2013年に「交通政策基本法」を制定し、自治体と一体となって交通政策の充実を図っており、国は同法に基づき毎年「交通政策白書」を国会に提出している。

この白書では、特に自動車の交通手段分担率を**自動車分担率**と表記し、国土交通省の調査に基づき都市の人口密度と自動車分担率の関係をグラフで説明している。

直感的に想像がつくとおり、人口密度の高い大都市圏では、自動車分担率が低い。また、経年的に見るとさらに下がる傾向にある。逆に人口密度が低い**地方部では自動車への依存が一層高まっている**状況にあり、一般的に「若者の自動車離れ」と言われる傾向を打ち消すほどのインパクトを示している。

ポストコロナの時代において、自宅から移動しなくても仕事ができたり、学んだり、遊んだりすることができる環境が急速に確立されつつある。しかし、人々の生活の質を高める観点からは、様々な楽しみを自分の意思で得るために、交通手段の選択肢を複数確保することが重要である。「移動する／しない」の選択肢を含め、多様な選択肢を用意することは、地域のにぎわいをもたらすために、特に地方部においてますますその意義が高まるものと考えられる。

**【答え ❶】**

## 地域おこし協力隊って、全国にどれくらいいるの？

まちづくりや地域おこしには、「若者」や「よそ者」の視点が大切だと言われますが、そうは言っても近くに学生もいないし、どうしたらいいかと悩む自治体も多いことでしょう。

そんなときに頼りになるのが、地域おこし協力隊です。近年、隊員が全国各地で活躍する姿をテレビなどで見かけることが増えています。

では、２０２１年度現在の協力隊の人数を47都道府県で割った平均人数として、正しいものは次のうちどれでしょうか。

❶ 約13人
❷ 約１３０人
❸ 約１３００人

A 解説

**地域おこし協力隊**は、2009年度に総務省が要綱を制定して制度化されたもので、その隊員とは、自治体から委嘱を受け、農林漁業の応援、水質保全・監視活動、住民の生活支援などの地域協力活動に従事する者を指す。隊員の**活動期間は概ね1～3年**で、都市地域等から過疎、山村、離島、半島等の地域に**住民票を移す**ことなどが条件となっている。

初年度の2009年度に89人だった隊員は、2021年度には6015人もの人数に増えており、これを47都道府県で割ると平均約130人となる。この数字からも、隊員たちが地域で欠かせない存在になっていることが裏付けられる。

都道府県別に見ると、最も多いのが北海道の821人で、2位長野県（428人）、3位高知県（255人）と続く。2021年度に隊員がいなかったのは全国で神奈川県だけであり、東京都でも島しょ部を中心に16名が委嘱されている。

2021年3月末までに任期を終了した隊員（累計8082人）を対象に総務省が調査した結果が、2022年に公表されている。これによると、**任期終了後に活動地と同じ地域に定住した隊員は約65%**であり、任期を終えた隊員を含め、地域における隊員の活躍がますます期待される。

**［答え ❷］**

# 毎年よく聞く「地価公示価格」や「路線価」って、何ですか？

全国で中心市街地活性化の取り組みが行われていますが、その成果が反映されているかどうかが気になって、毎年定期的に報道されるわがまちの地価に注目している方も多いことでしょう。

地価を示す数値は各種ありますが、それを説明する文として誤っているものは、次のうちどれでしょうか。

❶ 地価公示法に基づき価格が評価される標準地は、山間部などを含めて全国くまなく設定されている。

❷ 毎年7月1日時点で評価される基準地価の調査主体は、国ではなく都道府県である。

❸ 相続税路線価は、地価公示価格の80％を目途に設定される。

## A 解説

**地価公示価格**は公示地価、地価公示、公示価格などと略されることが多く、都道府県が調査主体となる**基準地価（地価調査価格）**など類似した用語もあるため、混同しがちである。地価公示価格は、地価公示法に基づき、国土交通省土地鑑定委員会が都市計画区域等において全国2万6000地点の標準地を選定し、毎年1月1日時点の1㎡当たりの正常な価格を判定して公示しているもので、**一般の土地取引価格の指標**となっている。

一方、**基準地価**は国土利用計画法に基づき都道府県が調査するもので、都市計画区域外を含む全域を調査対象としている。また、**相続税路線価**は、相続税や贈与税を算定する際の基準として、道路に面する標準的な宅地の1㎡当たりの価格が路線価図として表示される。

国土交通省は地価公示の概要を発表する際、全国の地価動向などを解説している。2022年地価公示においては、住宅地では住宅取得支援施策が、商業地では再開発事業等の進展期待が地価上昇の要因の一つとして指摘されていることから、政策の成果が地価に反映される可能性も考えられる。

ただ、私たち自治体職員は地価を上げることを目的に業務に当たっているわけではないので、報道ネタにされがちな最高価格地点ランキングに一喜一憂し過ぎることなく、市民のニーズと社会経済動向を注視しながら**魅力的な都市空間づくり**に邁進する姿勢が重要である。

**［答え ❶］**

## Jリーグやリーグのホームタウンって、全国にどれくらいあるの？

1993年に開幕したJリーグに加え、2016年にはBリーグが開幕し、プロスポーツが格段に身近な存在になりました。一方で、自分のまちをホームタウンとするプロスポーツチームがないと嘆く声も聞かれます。

では、全国の市区町村1741団体のうち、Jリーグ（58クラブ）とBリーグ（36クラブ）のホームタウンに指定されている市区町村数として、正しいものは次のうちどれでしょうか。

なお、Jリーグは2022シーズン現在、Bリーグは2021—22シーズン現在のクラブ数で、Bリーグのうちプロ・アマチュア混成のB3は除外しています。また、両リーグに重複するホームタウンは1団体と数えます。

❶ 約100団体
❷ 約500団体
❸ 約1000団体

A 解説

1961年制定のスポーツ振興法を50年ぶりに全部改正して2011年に施行された**スポーツ基本法**には、地域の特性に応じたスポーツ施策の実施が**自治体の責務**として位置付けられている。

従来はプロスポーツといえばプロ野球が代表格であり、その本拠地は大都市に限られていたが、日本プロサッカーリーグ（Jリーグ）の発足に伴い、各クラブにより**ホームタウン**が指定され、スポーツ基本法における**「地域の特性」**をアピールしうる市区町村は全国的な広がりを見せている。

ジャパン・プロフェッショナル・バスケットボールリーグ（Bリーグ）のホームタウンを含めると、全国1741市区町村のうち、ホームタウンに指定されている市区町村は996団体、その割合は6割弱にものぼる。この数字に実感が湧かない方も多いと思うが、その原因は都道府県全域をホームタウンとする「全県型」のクラブが、Jリーグで22クラブ、Bリーグで2クラブ存在するからである。

全県型として数多く指定されている団体の一つに過ぎないからといって遠慮せず、ホームタウンに指定されているという「地域の特性」を活かして連携策をクラブに提案し、スポーツ政策や観光政策を充実させることを検討してはいかがだろうか。ホームタウンとの連携を願うクラブ側が、自治体からのアプローチを待っているかもしれない。

**[答え ❸]**

## $CO_2$排出が許容される「上限」を何という？

地球温暖化による気温上昇をある一定の数値に抑えようとした場合、その数値に達するまでにあとどのくらい二酸化炭素を排出してもよいか、という「上限」を表す言葉を何というでしょうか。

❶カーボンプライシング
❷カーボンバジェット
❸カーボンオフセット

A 解説

**パリ協定**は、2015年にパリで開かれた、温室効果ガス削減に関する国際的取り決めを話し合う**国連気候変動枠組条約締約国会議（COP21）**で採択された。京都議定書に代わる2020年以降の温室効果ガス排出削減等のための新たな国際枠組みで、「世界の平均気温上昇を産業革命以前と比べて2℃未満に抑え、1.5℃未満を目指す」ことを目標に掲げている。

「1.5℃目標」に向かって、地球全体の二酸化炭素排出量の指標となるのが**カーボンバジェット**である。2050年までに**カーボンニュートラル**（温室効果ガスの排出量と吸収量を均衡させること）にする必要があるとされ、残りのカーボンバジェットは2020年時点であと8％といわれ、現在の排出スピードでいうと10年弱で到達する見込みである。

2019年12月に開催されたCOP25の時点では、121か国が2050年カーボンニュートラルを表明していたが、EU以外は小国が多かった。その後、機運が高まり、中国やアメリカなどがカーボンニュートラル目標を表明。2021年に英国グラスゴーで開かれたCOP26時点では、G20のすべての国を含む150か国以上が年限付きのカーボンニュートラル目標をかかげるなど**脱炭素化**の流れは加速している。

日本も、2020年10月にカーボンニュートラル宣言を行い、2030年度の温室効果ガス削減目標を「2013年度比46％削減、さらに50％の高みに向けて挑戦を続ける」としている。

2050年までに二酸化炭素排出量を実質ゼロにすることを表明した自治体、いわゆる「**ゼロカーボンシティ**」は、766自治体である（2022年8月31日現在）。

**【答え ❷】**

87
★★

# 温室効果ガスの排出における$CO_2$の割合は？

日本における温室効果ガス排出量の内訳では、二酸化炭素が占める割合はどのくらいでしょうか。

❶ 約7割
❷ 約8割
❸ 約9割

A 解説

日本における温室効果ガス排出量（2020年度）の内訳では、二酸化炭素の比率が極めて高く約9割を占め、そのうちの約8割が**エネルギー起源**（石炭、石油、天然ガス等の燃焼）によるものである。

日本の部門別の二酸化炭素排出量は**産業部門**が一番多く、次いで**運輸部門**、**業務その他部門**、**家庭部門**となっている。2020年度の二酸化炭素排出量の変化を部門別に見ると、前年度比で産業部門は▲8・1％（▲3100万トン）、運輸部門は▲10・2％（▲2100万トン）、業務その他部門は▲4・7％（▲890万トン）、家庭部門は＋4・5％（＋720万トン）と、産業部門、運輸部門、業務部門は近年、減少する傾向にあるが、家庭部門は増加傾向であり、家庭部門での取り組みが求められている。

二酸化炭素削減に向けて、エネルギーの使用量を減らす**省エネルギー**は重要だが、それだけではなく、**エネルギー効率を高める**ことも同時に求められている。石炭よりも石油、石油よりも天然ガスの方が二酸化炭素の排出量が少なくて済むことから、**脱炭素燃料への転換**、さらに太陽光、風力、水力、地力などの**自然エネルギーの活用**も重要な取り組みである。

現在、様々な研究が進められており、新しい技術が開発されている。それに加えて、家庭部門の排出量の削減に向けては、一人一人の意識や消費行動も重要であり、自治体には、環境教育の充実、環境を学べる機会の提供、広報の強化が求められる。

ちなみに、二酸化炭素排出量の多い国（2019年）は、中国、アメリカ、インド、ロシア（2018年）、日本の順であり、日本は世界で5番目に排出量の多い国である。

**［答え　❸］**

## 最も苦情の多い公害は？

日本で発生している代表的な公害（典型7公害：大気汚染、水質汚濁、土壌汚染、騒音、振動、地盤沈下、悪臭）の中で、もっとも苦情件数が多いものはどれでしょうか。

❶ 大気汚染
❷ 騒音
❸ 悪臭

A 解説

「公害」は、環境基本法2条3項により、「事業活動その他の人の活動に伴って生ずる」、「相当範囲にわたる」、「大気の汚染、水質の汚濁、土壌の汚染、騒音、振動、地盤の沈下及び悪臭によって」、「人の健康又は生活環境に係る被害が生ずること」と定義されており、**大気汚染**、**水質汚濁**、**土壌汚染**、**騒音**、**振動**、**地盤沈下**及び**悪臭**の7種類の公害は、「**典型7公害**」と呼ばれている。

2020年度公害苦情調査結果報告書を見ると、苦情受付件数は、典型7公害では「騒音(35・2%)」、「大気汚染(30・5%)」、「悪臭(20・0%)」の順に多く、この三つの公害で全体の約8割を占める。

高度経済成長期では、工場から排出されるばい煙や排水などによって健康や生活環境に被害を及ぼし大きな問題となったが、様々な法律や条例がつくられ、工場などへの規制が厳しくなったことなどから公害は改善されてきた。

近年苦情の上位である騒音の主な発生原因は、「工事・建設作業」、大気汚染の主な発生原因は「焼却(野焼き)」となっており、工場等などからの発生ではなく、私たちの生活に身近なものが発生原因となってきている。特に新型コロナウイルスの影響で在宅勤務が増えるなど、生活様式の変化により苦情の傾向も変化している。

**[答え ❷]**

# 食品ロスを防ぐには？

まだ食べられる食品がごみとして捨てられることを「食品ロス」といいます。

食品ロスを減らすため、日々の買い物の中で私たちが心がけたほうがよいことは、次のうちどれでしょうか。

❶ 商品棚の手前のものから取る「てまえどり」
❷ 在庫を気にせずまとめ買いする「しょうどうがい」
❸ 食べきれない量を注文する「はぶりよし」

A 解説

まだ食べることができるのに捨てられているものを**食品ロス**という。

日本では、食品ロスの量が年間570万トン（2019年度）と推計されており、人口1人当たりの食品ロス量は、年間約45キログラムである。570万トンのうち、**事業系**は309万トン（54%）、**家庭系**からは261万トン（46%）が廃棄されており、事業者だけではなく家庭での取り組みも重要である。家庭系では、食べ残し、手つかずの食品（直接廃棄）、皮の剥きすぎなど（過剰除去）が主な発生要因といわれている。

消費者が買い物をする際、購入してすぐに食べる場合などは、商品棚の手前にある商品等、販売期限の迫った商品を選ぶ「てまえどり」をすることは、販売期限が過ぎて廃棄される食品ロスを削減する効果が期待できる。このため、環境省は、消費者庁、農林水産省、一般社団法人日本フランチャイズチェーン協会と連携して、2021年6月より、「てまえどり」を呼びかけている。

家庭系の食品ロスについて、消費者庁が2017年に徳島県で実施した食品ロス削減に関する実証事業の結果では、まだ食べられるのに捨てた理由として、①食べ残し57%、②傷んでいた23%、③期限切れ11%（賞味期限切れ6%、消費期限切れ5%）の順で多いことが分かった。買物時に「買いすぎない」、料理を作る際「作りすぎない」、外食時に「注文しすぎない」、そして「食べきる」ことが重要である。

また、「まだ食べられる食品」をみんなで持ち寄り、自治体やフードバンク団体などを通じて、食べ物を十分に入手することができない人たちに寄贈する**フードドライブ**活動は、食品ロスを減らすとともに支援が必要な人に届ける仕組みとして注目されている。

**【答え　❶】**

## 生物多様性の三つのレベルとは?

「生物多様性」には、大きく三つのレベルに分類することができます。一つ目は「生態系の多様性」、二つ目は「種の多様性」、三つ目は何でしょうか。

❶ 行動の多様性
❷ 選択の多様性
❸ 遺伝子の多様性

A 解説

生物多様性とは、地球上の生き物は、40億年という長い歴史の中で様々な環境に適応して進化し、3000万種ともいわれるバラエティに富んで複雑で多様な生きものが、すべて直接的、間接的に支え合ってバランスを保っている状態のことを表す。

生物多様性条約では、**生態系の多様性・種の多様性・遺伝子の多様性**という三つのレベルで多様性があるとしている。生態系の多様性は、森林、河川、サンゴ礁などいろいろなタイプの環境があること、種の多様性は、動植物から細菌までいろいろな生物がいること、遺伝子の多様性は、同じ種でも異なる遺伝子を持つことで形や生態などに個性があることである。

恐竜が地球の環境の変化に対応できずに絶滅したように、生き物が絶滅するのは自然状態でもあることである。しかし、人間活動由来の温暖化とその影響による**気候変動**、農地開墾や都市開発のための**森林伐採**、特定の種の**大量捕獲**や**密猟**、自然界で分解されない**廃棄物**の土地や海への投棄など、その理由の多くは、人間活動によってつくり出されていることが問題になっている。

また、自然に絶滅する速さの1000倍から1万倍の速さで、たくさんの種類の生き物が地球上から失われているといわれており、人間活動による影響は大きい。

生物多様性が失われると、その影響はもちろん私たち人間にも及び、「災害抑止力の減少」「気候変動への影響」「感染症のリスクの高まり」など様々なリスクが生まれるといわれている。

**【答え ❸】**

# 指導主事の正体は？

人事異動を受けて教育委員会に転入したときに「あれ？」と思うのが、見慣れない指導主事と呼ばれる職員の存在です。指導主事は、学校における教育課程や学習指導、その他学校教育に関する専門的事項を指導する、教員経験がある職員です。かつての恩師が指導主事である場合もあるでしょう。

この指導主事についての記述として正しいものは、次のうちどれでしょうか。

❶ 指導主事は、幼保連携型認定こども園の指導も行う。

❷ 指導主事は、都道府県教育委員会から市町村教育委員会に派遣されている。

❸ 指導主事は、公立及び私立学校の教員から選抜される。

**A 解説**

**指導主事**は、都道府県及び市町村の教育委員会に置かれる専門的職員で（地方教育行政の組織及び運営に関する法律18条1項、2項）、教育公務員特例法上の**専門的教育職員**に位置づけられている。同じ専門的教育職員である社会教育主事が社会教育や生涯学習に関する事項を扱うのに対し、指導主事は**学校教育を担当**する。

また、指導主事（充て指導主事を含む）を置く教育委員会の割合配置率は76・2％で、その配置教委当たり平均人数は5・8人である。しかし、人口10万人以上の教育委員会には100％配置されているのに対し、人口1・5万人未満の教育委員会では3割以上が配置されていないなど、人口規模により偏りがある（令和3年度教育行政調査（令和3年5月1日現在）中間報告)）。

❶ 指導主事は、幼稚園、小学校、中学校、義務教育学校、高等学校、中等教育学校、特別支援学校、大学及び高等専門学校、就学前の子どもに関する教育のほか、幼保連携型認定こども園における指導を行う（地方教育行政の組織及び運営に関する法律18条3項）。

❷ 指導主事の身分取扱い（任免、給与、懲戒、服務など）は、地方教育行政の組織及び運営に関する法律及び教育公務員特例法に特別の定めがあるものを除き、地方公務員法の定めによるので、派遣ではなく教育委員会事務局の職員である（地方教育行政の組織及び運営に関する法律20条）。なお、充て指導主事は教員身分のまま指導主事の職務を行うものであり、教育委員会に勤務するが、その事務局職員ではない。

❸ 指導主事は、大学以外の公立学校の教員をもって充てることができるとされている（地方教育行政の組織及び運営に関する法律18条4項）。

**［答え　❶］**

# 学校給食費の滞納問題は公会計化でどう変わる？

学校給食費は校長の口座で集金し、市町村の歳入にしない「私会計」で管理されてきました。この場合、徴収・管理は学校単位で行われ、未収金の縮減は大きな課題となっています。また、自治体会計から独立していることから、債権管理に必要な財産調査を行うことができず、学校給食を実施するうえでの公平性の担保や歳入の確保についても支障が生じています。さらに、対応する学校現場の負担も大きく、教員の業務負担の問題点として顕在化しています。

そこで、文部科学省は、学校給食費の「公会計」化を促進するとともに、保護者からの学校給食費の徴収・管理業務を自治体が行うことを促進する通知を出しました。

学校給食費の公会計化について、正しいものは次のうちどれでしょうか。

**❶ 公会計化により、学校設置者が裁判所に支払督促の申し立てを行える。**

**❷ 公会計化により、滞納処分（強制徴収）が行える。**

**❸ 公会計化により、児童手当から給食費の差引（特別徴収）が行える。**

A 解説

2019年、中央教育審議会は、「**学校における働き方改革に係る緊急提言**」の具体策の一つとして、**学校給食費の公会計化**を答申した。それを受け、文部科学省は同年7月に「学校給食費徴収・管理に関するガイドライン」を作成・通知した。2019年12月1日現在の学校給食費の公会計化等の実施状況は、実施済26%、準備・検討中31・1%の計57・1%である（2020年11月4日「学校給食費に係る公会計化等の推進状況調査の結果について」）。

❶ 公会計化により債権者が明確になることで、自治体の長の名義で請求を行えるようになり、申立てにより裁判所書記官が発する**支払督促**の対象になる（民事訴訟法382条）。その後、債務者から異議の申立てがなかった場合、支払督促に仮執行宣言が付され、債務名義になる。なお、異議申し立てがあった場合には、訴訟手続に移行する。

訴訟の提起には議会の議決を要するが、専決処分（地方自治法180条1項）の指定事項としている場合には、議会の議決を要しない。公会計化により、**裁判所を通じた債権の回収**、**自治体一般会計からの補填**などが可能になり、裁判費用等を自治体予算から捻出する根拠も明確になる。これらの法的措置を含めた対応状況（申立件数、滞納額や支払督促申立後の自主完納、強制執行、訴訟移行などの措置）をホームページに掲載する自治体もある。

❷ 学校給食費は私債権であり、地方自治法231条の3第1項に規定される公債権でないことから、**滞納処分を行えない**。

❸ 公会計化以前から、受給者の申し出による**児童手当からの給食費差引**（**特別徴収**）が行える（児童手当法21条1項及び2項）。

**[答え ❶]**

★

# 生涯学習ってどういうもの?

「人生100年時代」や「超スマート社会(Society 5.0)」に向けて社会が大きな転換を迎える中で、生涯学習の重要性は高まっています。

生涯学習の説明として正しいものは、次のうちどれでしょうか。

❶ 学校や家庭以外の社会で広く行われる、組織的な教育活動

❷ 学校教育から離れて社会に出た後に再び教育を受け、仕事と教育を繰り返すこと

❸ 家庭教育、学校教育のほか、文化活動、スポーツ活動、ボランティア活動や趣味などを含む活動

A 解説

❶ **社会教育**の説明である。学校の教育課程として行われる教育活動を除き、主として青少年及び成人に対して行われる、体育及びレクリエーションの活動を含む組織的な教育活動とされている(社会教育法2条)。

❷ **リカレント教育**の説明である。「リカレント(recurrent)」とは「繰り返す」「循環する」を意味し、リカレント教育とは学校教育から一旦離れて社会に出た後に、それぞれの人の必要なタイミングで再び教育を受け、仕事と教育を繰り返すことである。

日本では、仕事を休まずに学び直すスタイルもリカレント教育に含まれる。

❸ **生涯学習**とは、一般には人々が生涯に行うあらゆる学習のことを指し、学校教育、家庭教育、社会教育、文化活動、スポーツ活動、レクリエーション活動、ボランティア活動、企業内教育、趣味などの様々な場や機会において行う学習の意味で用いられる。

教育基本法3条では、生涯学習の理念として、「国民一人一人が、自己の人格を磨き、豊かな人生を送ることができるよう、その生涯にわたって、あらゆる機会に、あらゆる場所において学習することができ、その成果を適切に生かすことのできる社会の実現が図られなければならない。」と規定している。

**[答え ❸]**

# 図書館の蔵書管理はどうなっている？

図書館の本は、職員（司書）による選書や利用者のリクエストにより選定され、購入されます。購入された本は図書備品として登録され、定期的な蔵書点検などにより台帳と実態の確認を行っています。図書館の本の管理について、次のうち、正しいものはどれでしょうか。

❶ 図書館で借りた本を紛失した場合は、本の代金を支払う。
❷ 図書館にない本は、他の図書館から取り寄せることができる。
❸ 本の除籍は、貸し出した本が返却されない場合に行われる。

A 解説

❶ **紛失した本の弁償**は、その本と「同じ本」を自身で購入し届けることで行うのが一般的である。絶版などの理由により同じものが入手できない場合は、図書館が代替品を指定することなどが、各自治体の例規で定められている。

弁償されるまで、その本は貸し出し中の状態になる。

❷ **図書館間相互貸借制度**（図書館間貸出しサービス）により、他の図書館から借用できる。相互貸借は図書館業界独自の相互扶助システムであり、都道府県内の相互貸借ネットワークには公立図書館のほか、大学図書館や図書館類縁機関も参加している。そのほか、国内唯一の納本図書館・保存図書館である国立国会図書館から貸出しを受けることができる。

なお、相互貸借には、現物を貸し出す「現物貸借」と、複写物を提供する「文献複写」の2種類がある。

❸ **除籍**は図書原簿から図書館の資料を除去することである。質の高い資料を追加する空間確保のためにも必要であり、紛失、汚損、破損、長期未返却、不明のほか、古い本や重複本、借りられる回数が減少した本がリサイクル図書として提供される際にも行われる。除籍した本の処分方法は図書館により異なるが、「ご自由にお持ち下さい」コーナーの設置や、年数回の頒布会が行われている。

一方、予約が集中するベストセラーや話題の図書のほか、自治体にゆかりのある人物の著書、入手困難な地域資料などの寄贈を受け付けている場合もある。なお、寄贈後の取り扱いについては図書館に一任することが前提になる。

**［答え ❷］**

# 社会教育施設における必置規制は？

社会教育施設とは、「社会教育の奨励に必要な施設」（社会教育法3条）であり、社会教育活動において利用される施設、あるいは社会教育行政が所管する施設として、「公民館」（同5条3項）のほか、「図書館、博物館、青年の家その他の社会教育施設」（同5条4項）があるとされています。また、社会教育法には明記されていないものの、プール、スポーツ公園、青少年育成施設などの社会教育施設もあります。

これらの社会教育施設のうち、公民館、図書館、博物館に必置が求められている職員について、次のうち、誤っているものはどれでしょうか。

❶ 公民館に館長を置かなければならない。
❷ 指定管理運営を行っている図書館は、館長を置かなくてよい。
❸ 博物館に学芸員を置かなければならない。

A 解説

❶　公民館については、**社会教育法**（社会教育法27条1項）により、公民館館長の必置を定めている。

❷　図書館の館長については、**図書館法**（図書館法13条1項）により、図書館館長の必置を定めている。図書館に指定管理者制度を適用する場合においても、地方公共団体又は指定管理者が館長を必ず置かなければならない。

　なお、図書館の設置及び運営上の望ましい基準（平成24年12月19日文部科学省告示第172号）では、「市町村教育委員会は、市町村立図書館の館長として、その職責にかんがみ、図書館サービスその他の図書館の運営及び行政に必要な知識・経験とともに、司書となる資格を有する者を任命することが望ましい。」としている。

❸　博物館には、館長のほか、専門的職員として学芸員を置かなければならない。**博物館法**4条3項は学芸員の必置を定めており、指定管理者制度を適用する場合においても、地方公共団体又は指定管理者が学芸員を必ず置かなければならない。

　なお、博物館の設置及び運営上の望ましい基準（平成23年12月20日文部科学省告示第165号）では、13条で「基本的運営方針に基づき適切に事業を実施するために必要な数の学芸員を置くものとする。」としている。

**［答え　❷］**

# 自治体議員の法的位置づけは？

自治体議員の活動は、単に本会議や委員会などの会議に出席し、議案の審議などを行うだけでなく、住民代表として住民意思を把握するための活動や当該自治体の事務に関する調査研究活動なども行っています。

自治体議員の法的な位置づけとして、次のうち正しいものはどれでしょうか。

❶ 特別職の地方公務員
❷ 特別職で非常勤の地方公務員
❸ 名誉職なので法的な位置づけなし

A 解説

地方公務員法3条3項1号で、自治体議員は特別職の地方公務員と規定されているため、❶が正解。

地方公務員法上、**常勤、非常勤の区別はされていない**ため、❷は不正解。

かつては、自治体議員は地元の名士や有力者の名誉職という色合いが強かったが、法的には❶のとおりで、❸も不正解。

本来、自治体議員は様々な住民の意見や要望等を吸い上げ、行政に反映させる役割がある。そのため、幅広い人材が求められている。しかし実態としては、他の仕事をしながら議員の職務を全うすることは難しく、議員の専業化が進んでいる傾向にある。

また、地方分権の推進に伴い、権限の強大化する長と対峙するためには、議会もさらなる監視機能や政策立案機能の強化が求められている。そのため、自治体議員の活動には、専門的な知識も必要とされてきている。

なお、**自治体議員の職責等**については、三議長会が明確化を求める決議を出している。地方制度調査会や総務省の地方議会・議員のあり方に関する研究会でも検討され、職責等の明確化は法律で規定する必要があるとの意見も出ている。しかし、求められる議員像や各自治体議会の規模の違い等を踏まえ引き続き検討するとされ、**議員の位置づけはあいまいなまま**となっている。

**［答え　❶］**

# 請願と陳情との性質の違いは？

自治体議会に対する請願と陳情は、ともに要望等を議会に訴える手段という点では同じですが、形式や手続、性質などが異なります。次の文章の（　　　　　　　）内に入る言葉として正しいものは、次のうちどれでしょうか。

請願は、憲法及び法律に規定された国民の権利としての行為です。請願しようとする者は、紹介議員を介して請願書を提出しなければならず、請願の趣旨、提出年月日、請願者の住所氏名を記載した文書で行われる必要があります。受理された請願は、通常、委員会審査を経て、本会議にて議決（採択または不採択）されます。

これに対し、陳情は法的な規定はなく（　　　　　　）です。紹介議員の署名等を除き、請願書に準じた内容の文書で行われます。その後の取扱いについては、各自治体議会において、本会議にて審議するところもあれば、陳情書のコピー配付や議長決裁のみとするところなど様々です。

❶ 任意の行為
❷ 形式的な行為
❸ 事実上の行為

A 解説

**請願**は憲法16条により国民の権利の一つとして**請願権**が保障され、自治体議会に対しては地方自治法124条により**議員の紹介**により意見や希望を述べる行為とされている。これに対し、**陳情**は法律上保障された権利の行使として行われるのではなく、**事実上の行為**とされているため、❸が正解。

請願の取扱いについては、請願法5条により、この法律に適合する限りこれを受理し誠実に処理しなければならないのに対し、陳情の取扱いについては様々である。陳情は請願のように**紹介議員を介さず直接提出**されるため、議会の審議に付すには適さない陳情が提出されることもあり得る。そのため、陳情を審議する場合は、「違法行為を求めるもの」や「裁判で係争中のもの」、「誹謗中傷や名誉棄損のおそれのあるもの」など、審議対象外とする基準を定めたうえで、当該陳情が該当していなければ審議に付している自治体議会もある。

本会議での審議の結果、採択された請願の効果については、長その他関係機関に送付を必要とするものはその手続がとられるが、長その他関係機関は請願の内容に**法的に拘束されることはない**。

ただし、地方自治法125条により、請願を送付後、処理経過と結果報告を請求することができるとされている。

なお、法的拘束力については陳情も同様である。

ちなみに、任期満了前の最後の定例会において請願または陳情を議決できなかった場合は、継続審議としても、任期満了前に臨時会を開いて議決できなければ、任期満了に伴う審議未了により廃案となる。

**[答え ❸]**

## 議会事務局に求められる役割は？

議会事務局の役割として、地方自治法138条7項では「議会に関する事務に従事する。」とあります。一連の地方分権改革以降、国から地方への権限移譲により、自治体の自己決定権が拡大されるに伴い、議事機関（議決機関）である議会の責務も重くなっています。

これまでも議会事務局では、議会における本会議や委員会の円滑な運営などを補佐してきましたが、一連の地方分権改革以降、さらに求められている役割として、次のうち最も適切なものはどれでしょうか。

❶ 議会の代表である議長の指示に忠実に従う。
❷ 議会事務局は、議会が監視機能や政策立案機能を発揮できるよう補佐する。
❸ 各議員の自立を促すため、必要最低限で補佐する。

**A 解説**

一連の地方分権改革により、自治体の自己決定権が拡大されるに伴い、議会も**監視機能**や**政策立案機能**の向上が求められている。

長が圧倒的多数のスタッフと膨大な情報を抱えているのに対し、議会事務局の職員数は全体の1％も満たない。そうした中、二元代表制の一翼を担う議会が、監視機能や政策立案機能を最大限発揮できるよう、**調査業務**や**政策法務業務**等を充実させながら、**議会を補佐**する必要があるため、❷が正解。

議長の指示に従うのは、地方自治法138条7項でも規定されているとはいえ、なんでも従えばよいというものではない。指示に誤りがあれば、根拠を示して助言したり、議会と執行機関の双方の立場を知る議会事務局職員が、バランス等を勘案して提案することなども補佐の一環であるため、❶は不正解。

議会が監視機能や政策立案機能を最大限発揮し、議会全体の底上げを図るためには、各議員の自立を促す必要はあろう。しかし、議員は常勤職員のように議会活動に常に従事できるわけではなく、❸も不正解。

**【答え　❷】**

# 通年議会における専決処分の取扱いは？

近年、議会の会期を通年とする「通年議会」が少しずつ広がりを見せています。

通年議会とするには、地方自治法102条2項の規定により、定例会の回数を定める条例で「毎年1回」とする手法と、地方自治法102条の2の1項の規定により、会期等に関する条例で「通年会期制」とする手法の二つのパターンがあります。

一方、地方自治法では、長が議会を招集する時間的余裕がないとき（179条1項）や議会の委任による場合（180条1項）などの際には、長の権限として専決処分することが認められています。

通年議会における専決処分の取扱いについて、次のうち最も実情を示しているのはどれでしょうか。

❶ 年間を通じて議会が開催されることになるので、179条1項による専決処分の余地はない。

❷ 地方自治法で長の権限として認められているので、通年議会を導入していても専決処分が優先される。

❸ 通年議会を導入しているとはいえ、事案に応じて専決処分がされている自治体もある。

**A 解説**

通年議会を導入している場合は、原則、切れ目のない会期となり、首長の専決処分の要件の一つである「議会を招集する時間的余裕がない……とき」の該当する事案はなくなる。そのため、地方自治法179条1項による専決処分は、**理論上、適用できない**とされている。

そのため例えば、毎年3月下旬の税法改正に伴う条例改正についても、3月31日が休日でも深夜に及ぼうとも、通年議会の制度趣旨に従えば、当該年度中に議会を開いて、議決することになる。この原理原則を遵守している議会が、少ないながらある。

一方で、そうはいっても**当該年度中に議会を開くのは困難**として、地方自治法179条1項の「議会を招集する時間的余裕がない……とき」、または同法180条1項「議会の権限に属する軽易な事項で、……特に指定したもの」を根拠に専決処分し、**翌年度すみやかに臨時会議を開催**するなどにより議会に報告している自治体はままある。

設問では、最も実情を示しているものを選択することを求めているため、❸が正解。

なお、3月下旬の税法改正に伴う税条例の改正は、毎年のことで予見できるとはいえ、資料作成や説明の準備等を勘案すると、果たして地方自治法179条1項を適用するのは不適当なのか、一方で、自治体の歳入の根幹をなす税条例の改正は、同法180条1項の「議会の権限に属する軽易な事項」に該当するのか、そもそも地方自治法で認められている権限である長の専決処分との兼ね合いをどう扱うのかなど、大変奥が深く悩ましい。まさに、「議会の数だけ運営方法がある。」という言葉の一端を示している。

**[答え　❸]**

## オンラインによる本会議開催の是非は？

議会のＩＣＴ化が進む中、２０１９年12月に最初の新型コロナウイルスの感染者が報告され、その後、感染が急拡大し、一時、議会運営においても会期短縮や一般質問の取りやめなどが余儀なくされました。現在も感染状況は一進一退を繰り返している中、オンラインによる議会運営に活路を見出そうとしています。国からも令和２年４月30日付け総務省自治行政局行政課長通知により、オンラインによる委員会開催については、必要に応じて条例等の改正等の措置を講じ、議員の本人確認や自由な意思表明の確保等に十分留意のうえ、委員会の開催場所への参集が困難と判断される場合であれば、差し支えないとの見解が示されています。しかし同通知では、本会議における「出席」については、地方自治法１１３条及び１１６条１項では、現に議場にいることと解されているとの見解が示されています。

以上の見解から、オンラインによる本会議の開催について、次のうち正しいものはどれでしょうか。

❶オンラインにより本会議を開催する場合は、違法となる。

❷オンラインにより本会議を開催する場合も、違法とは言えない。

❸オンラインによる本会議は、地方自治法にその規定がないので、開催することができない。

A 解説

あくまで国の解釈による**技術的助言**であり、非常時の際にオンラインにより本会議を開催することが**直ちに違法であるとは言い切れない**ため、❷が正解。

ただし、明確に法整備がされていないことから、瑕疵のある議決と判断されかねない。訴えを起された際には、住民サービス等への影響も懸念され、かなりのリスクを背負うことになる。

そこで、オンライン本会議開催の実現に向けた地方自治法の改正を求めるため、茨城県取手市議会や滋賀県大津市議会では二度にわたり総務大臣等に直接、意見書を提出したほか、各地の自治体議会でも意見書を提出したり、三議長会でも決議などにより要望している。取手市議会は、「デモテック」を標榜して議会のICT化に先進的に取り組んだ。大津市議会は新型コロナウイルスのクラスター発生により本庁の全面閉鎖を経験している。このことから、両市議会は、オンラインによる模擬本会議を通してオンライン本会議の実践可能性を示した。地方から国を動かすべく、自治体議会は、非常時でも議会制民主主義を止めないよう努めている。

一方で、国もオンライン国会の実現に向けて検討を始めた。衆議院憲法審査会は、憲法56条1項の国会への「出席」は、緊急事態発生時等においては例外的にオンラインによる出席も容認する見解を議決した。参院憲法審での議論でも、賛成派が多数を占めている状況にある。

国においては、デジタル社会を推進している以上、自治体議会におけるオンライン本会議の実施については、解釈上ではなく、立法上明確になるよう早期に法整備されることが期待される。

**[答え ❷]**

◉──『クイズde地方自治』、いかがでしたでしょうか。設問難易度として、初級・中級・上級と三つのレベルを設定しました。読者諸兄姉には、「いやこれは初級じゃないでしょ」、「上級としては簡単だったな」と様々にお感じになったことでしょう。問題の中身も、知識を問う問題、考え方が試される問題と、多様なタイプの設問がありました。

当初、このページは「◎問以上正解者　自治の達人度●%」というメルクマール（指標）を載せるため設けておいたものです。でも、それはやめました。当然のことながら、100問という問数で広範・深遠たる自治の世界をすべてカバーすることはできません。また難易度も設問の内容も様々である中で、そうした基準を設けることにどこか空々しさを感じたからです。自分がどれくらい地方自治に関する知識・感覚をそなえているか、それは自分自身で計るしかないのでしょう。

それでも、100問中何問正解したか知ることは、いまのあなたの力、今後の道を指し示す助けとなります。『クイズde地方自治』の100問を解き終えたら、左の欄に自分の解くことのできた設問数を書き込みましょう。そして、半年はこの本を置いておきましょう。この本を解き終えて先ずすることは、設問・解説を読んで自分が引っかかり（興味や疑問）を覚えた分野を掘り下げることです。そうして調べた内容は、必ずあなたの血肉となります。そして半年後、もう一度、この100問を解いてみてください。納得がいかなければ、さらに半年後にチャレンジしましょう。

知ることは面白いですね。その「面白い」を足がかりに仕事をもっと楽しみましょう。そして仕事の中身を高め、深めて、自治を豊かなものにしましょう。それが自分と自分の隣の人、自分の次に来る人の幸せにつながります。自治を楽しんで豊かにすることができたとき、自治の達人への道すじがきっと見えてくるはずです。

（t）

| 1回目 |
| --- |
| |

| 2回目 |
| --- |
| |

| 3回目 |
| --- |
| |

| 4回目 |
| --- |
| |

| 5回目 |
| --- |
| |